DK TOP 10

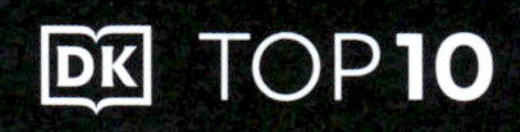

SINGAPUR

JENNIFER EVELAND
SUSY ATKINSON

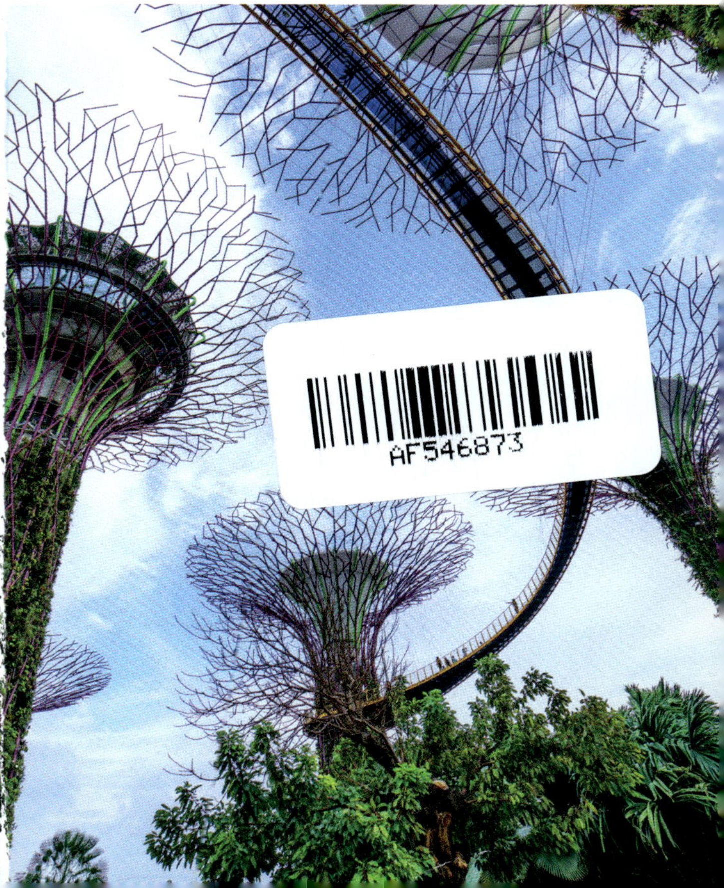

DK | Penguin Random House

Highlights

Willkommen in Singapur 5
Singapur entdecken 6
Highlights 10
National Museum of Singapore 12
Singapore River 14
Thian Hock Keng Temple 16
Masjid Sultan 18
Sri Veeramakaliamman Temple 20
Singapore Botanic Gardens 24
Marina Bay 26
Gardens by the Bay 28
Raffles Hotel 30
Sentosa 32

Themen

Historische Ereignisse 36
Gotteshäuser 38
Museen 40
Architektur 42
Stätten des Zweiten Weltkriegs 44
Nationalparks & Gärten 46
Wellness 48
Unbekanntes Singapur 50
Kinder 52
Kunst & Kultur 54
Bars & Lounges 56
Restaurants 58
Hawker Center & Food Courts 60
Shoppingmalls 62
Kostenlose Attraktionen 64
Religiöse Feste 66

Inhalt

Stadtteile

Chinatown 70
Little India & Kampong Glam 78
Civic District 88
Orchard Road 94
Abstecher 100

Reise-Infos

Anreise & In Singapur unterwegs 108
Praktische Hinweise 110
Hotels 114

Textregister 120
Bildnachweis & Impressum 127

Die TOP10-Listen in diesem Buch sind nicht nach Rängen oder Qualität geordnet. Alle zehn Einträge sind in den Augen des Herausgebers von gleicher Bedeutung.

Umschlag Vorderseite & Buchrücken ArtScience Museum an der Marina Bay
Umschlag Rückseite, im Uhrzeigersinn von links oben Detail am Sri Mariamman Temple, abendlicher Blick auf Singapur, belebte Einkaufsstraße in Chinatown, Resort Marina Bay Sands
Titelseite Supertree Grove in den Gardens by the Bay

Die Informationen in diesem TOP10-Reiseführer werden regelmäßig aktualisiert.

Angaben wie Telefonnummern, Öffnungszeiten, Adressen, Preise und Fahrpläne können sich jedoch ändern. Der Verlag kann für fehlerhafte oder veraltete Angaben nicht haftbar gemacht werden. Für Hinweise, Verbesserungsvorschläge und Korrekturen ist der Verlag dankbar. Bitte richten Sie Ihr Schreiben an:

Dorling Kindersley Verlag GmbH
Redaktion Reiseführer
Arnulfstraße 124 • 80636 München
reise@dk.com

Willkommen in Singapur

Stadt der Löwen, Kraftwerk Asiens, kultureller Schmelztiegel, Shoppingmekka, Himmel der Fusionsküche ... Der dicht bevölkerte Insel- und Stadtstaat Singapur – ein Mix aus funkelnden Wolkenkratzern und urwüchsigem Regenwald – lebt vom Kontrast augenfälliger Modernität und traditionellem Erbe. Mit diesem Reiseführer ist es an Ihnen, den Reiz zu entdecken.

Singapur erfindet sich laufend neu. Während die künstliche Landschaft **Gardens by the Bay**, die an den Großstadtdschungel grenzt, für das Weltraumzeitalter steht, präsentieren **Asian Civilisations Museum** und **National Gallery Singapore** das koloniale Erbe in schönen palladianischen Bauten. Traditionelle bunte Shophouses bergen nun angesagte Boutiquen und Cafés, aber auch Gedenkstätten des Zweiten Weltkriegs finden sich auf der ganzen Insel.

Singapur steckt voller Überraschungen: Tempel, Moscheen und Kirchen stehen Seite an Seite mit edlen Spas und schicken Bars. Die Zeit drängt, wenn man alles erleben will: in der **Orchard Road** nach Designerware stöbern, über die Märkte von **Chinatown** bummeln, sich im **Raffles Hotel** einen Singapore Sling gönnen oder scharfe Suppe unter freiem Himmel genießen. Bunte Feste wie das **Chinesische Neujahr** und Events wie der Singapore Grand Prix runden das Programm ab.

Ob Sie für ein Wochenende nach Singapur kommen oder länger bleiben: Unser TOP**10** präsentiert die schönsten Plätze und die wichtigsten Sehenswürdigkeiten – von den strahlenden Lichtern der **Marina Bay** bis zu den quirligen Straßen von **Little India**. Hinzu kommen nützliche Tipps, wie man Singapur zum Nulltarif genießt oder wie man am besten Besucherströme umgeht, sowie übersichtliche Routenvorschläge, die Sie in kurzer Zeit zu möglichst vielen Attraktionen führen. Schöne Fotos und detaillierte Karten komplettieren den handlichen und unverzichtbaren Reisebegleiter. **Viel Spaß mit dem Buch und viel Spaß in Singapur.**

Im Uhrzeigersinn von oben: **Thian Hock Keng Temple, Shoppingmall ION Orchard, Gardens by the Bay, Skyline der Marina Bay, Parade zum Chinesischen Neujahr, Raffles Hotel, Fort Canning Park**

Singapur entdecken

Die Vielfalt an Sehenswürdigkeiten und kulturellen Reizen macht es Besuchern nicht leicht, ein Programm zu erstellen, bei dem man möglichst wenig verpasst oder viel von der Atmosphäre einfangen kann. Hier finden Sie Ideen für einen zwei- und einen viertägigen Aufenthalt.

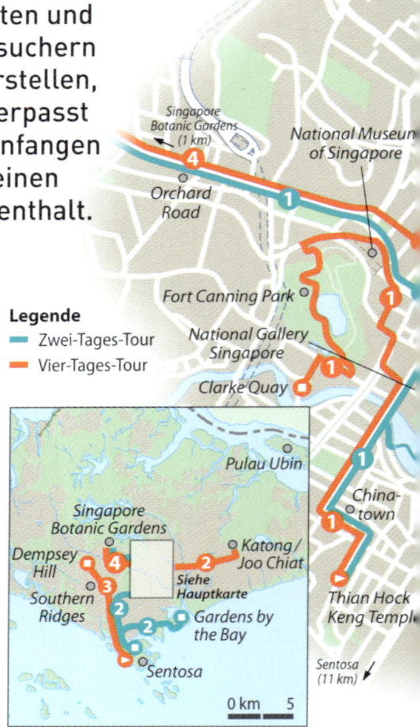

An der Orchard Road reihen sich edle Shoppingmalls wie Paragon.

Zwei Tage in Singapur

Tag ❶

Vormittags

Gönnen Sie sich ein Frühstück im **Raffles Hotel** *(siehe S. 30f)*, bevor Sie ein, zwei Stunden im **National Museum of Singapore** *(siehe S. 12f)* verbringen. Dann locken die **Singapore Botanic Gardens** *(siehe S. 24f)* oder die Luxusmalls der **Orchard Road**.

Nachmittags

Tauchen Sie ein ins Flair von **Chinatown**, besuchen Sie den **Thian Hock Keng Temple** *(siehe S. 16f)*, folgen Sie ein Stück – zu Fuß oder per Boot – dem Singapore River *(siehe S. 14f)*. Auf dem Dach des **Marina Bay Sands** *(siehe S. 26)* gibt es dann einen Drink zum Sonnenuntergang.

Tag ❷

Vormittags

Der Tag beginnt in den bunten Straßen von **Little India** und **Kampong Glam**. Besichtigen Sie den **Sri Veeramakaliamman Temple** *(siehe S. 20f)* und die **Masjid Sultan** *(siehe S. 18f)* und genießen Sie hiesige Kost in einem Hawker Center *(siehe S. 60f)*.

Nachmittags

Je nach Vorliebe geht es dann zu den Stränden und Attraktionen von **Sentosa** *(siehe S. 32f)* oder in die eindrucksvollen **Gardens by the Bay** *(siehe S. 28f)*, wo der Food Court Satay by the Bay zu einem Abendessen unter freiem Himmel einlädt.

Die Insel Sentosa ist ein wunderbarer Zufluchtsort für Großstadtgeplagte.

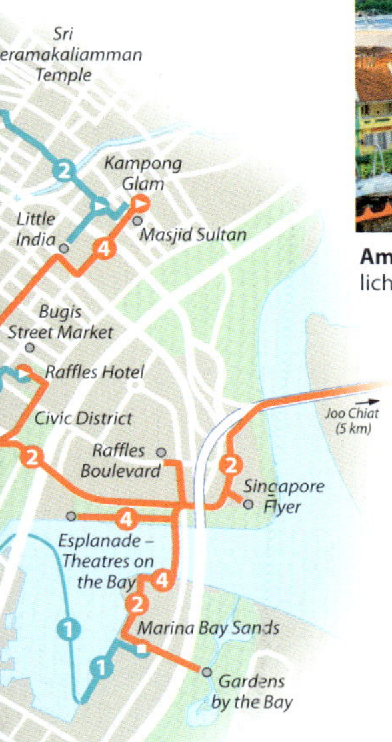

Am Clarke Quay lässt sich hervorragend ein abendlicher Drink genießen.

Der Sri Mariamman Temple ist Singapurs ältestes Hindu-Gotteshaus.

Vier Tage in Singapur

Tag ❶

Vormittags

Besuchen Sie den **Thian Hock Keng Temple** *(siehe S. 16f)*, dann ein paar traditionelle Läden in **Chinatown** *(siehe S. 76)* und noch das **National Museum of Singapore** *(siehe S. 12f)*.

Nachmittags

Nach dem Essen geht es zum **Fort Canning Park** *(siehe S. 90f)*, wo sich das Grab von Iskandar Shah befinden soll und die Battlebox einen Blick lohnt. Der Tag endet mit einem Drink am **Clarke Quay** *(siehe S. 15)*.

Tag ❷

Vormittags

Bewundern Sie die Architektur im **Civic District**, werfen Sie einen Blick ins **Raffles Hotel** *(siehe S. 30f)* und sehen Sie sich südostasiatische Kunstwerke in der **National Gallery Singapore** *(siehe S. 40)* an.

Nachmittags

In **Katong/Joo Chiat** *(siehe S. 104)* gibt es Essen und Architektur der Peranakan, dann geht's zum Shoppen – am **Bugis Street Market** oder am **Raffles Boulevard**. Nach einem »Flug« im **Singapore Flyer** endet der Tag an der **Marina Bay** *(siehe S. 26f)*.

Tag ❸

Vormittags

Starten Sie früh, um auf **Sentosa** *(siehe S. 32f)* Spaß am Strand zu haben oder in **Pulau Ubin** *(siehe S. 103)* das ländliche Singapur zu erleben.

Nachmittags

Wandern Sie die **Southern Ridges** *(siehe S. 100)* entlang, bevor Sie sich im reizenden **Dempsey Hill** *(siehe S. 104)* Dinner und Cocktails gönnen.

Tag ❹

Vormittags

Drehen Sie eine Runde durch **Kampong Glam** mit seinen Boutiquen und erkunden Sie Hindu-Tempel in **Little India**. Dann geht es zu den schicken Malls an der **Orchard Road** und zum National Orchid Garden in den **Singapore Botanic Gardens** *(siehe S. 24f)*.

Nachmittags

In den **Gardens by the Bay** *(siehe S. 28f)* können Sie im überkuppelten Cloud Forest entspannen. Abends wartet eine Show im **Esplanade – Theatres on the Bay** *(siehe S. 64)* oder im **Marina Bay Sands** *(siehe S. 26)*.

Highlights

Supertree Grove in den Gardens by the Bay

National Museum of Singapore 12
Singapore River 14
Thian Hock Keng Temple 16
Masjid Sultan 18
Sri Veeramakaliamman Temple 20
Singapore Botanic Gardens 24
Marina Bay 26
Gardens by the Bay 28
Raffles Hotel 30
Sentosa 32

TOP 10 Highlights

Singapur, Drehkreuz zwischen Ost und West, präsentiert viel Kultur und Geschichte. An den Ufern des Singapore River erstrecken sich Civic District mit den prächtigen Bauten und ethnisch geprägte Viertel wie Chinatown, Little India und Kampong Glam. Die facettenreiche Stadt lockt mit traditionellem und modernem Flair.

1 National Museum of Singapore

Das Museum veranschaulicht Geschichte mit multimedialen Mitteln und bietet eine gute Einführung in das kulturell vielfältig geprägte Singapur *(siehe S. 12f)*.

2 Singapore River

Den von Restaurants und Freizeitanlagen gesäumten Fluss erkundet man am allerbesten an Bord eines Bumboats *(siehe S. 14f)*.

3 Thian Hock Keng Temple

Singapurs ältester und vielleicht schönster taoistischer Tempel ist ein guter Startpunkt für eine Tour durch Chinatown *(siehe S. 16f)*.

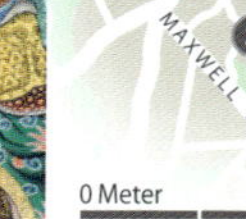

4 Masjid Sultan

Die Zwiebeltürme der Sultan-Moschee erheben sich über Kampong Glam, dem muslimischen Viertel der Stadt. Der Bau vereint persische, maurische und türkische Elemente *(siehe S. 18f)*.

5 Sri Veeramakaliamman Temple

Der 1881 erbaute, der Göttin Kali gewidmete Tempel zählt zu den ältesten Singapurs. Auf dem Dach reihen sich Statuen hinduistischer Gottheiten und wachen über Little India *(siehe S. 20f)*.

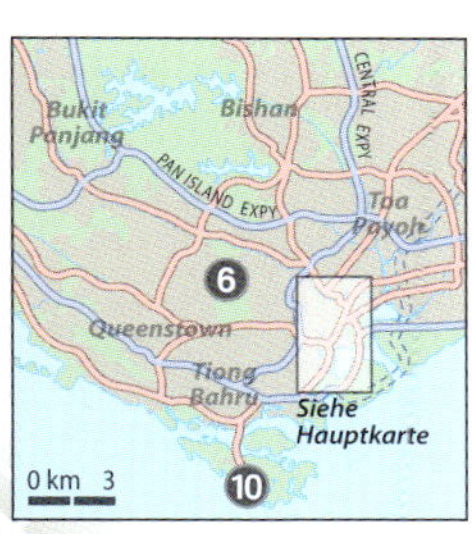

Singapore Botanic Gardens ⑥

Der schöne Botanische Garten erstreckt sich unweit des Stadtzentrums. Morgens, wenn es noch nicht so heiß ist, sind Spaziergänge hier besonders reizvoll und erholsam *(siehe S. 24f)*.

⑦ Marina Bay

Mit Singapurer Wahrzeichen wie Merlion, Marina Bay Sands und Singapore Flyer bietet die Skyline der Marina Bay Tag und Nacht einen atemberaubenden Anblick *(siehe S. 26f)*.

⑧ Gardens by the Bay

Das Parkprojekt präsentiert futuristische Biodome, solarbetriebene »Supertrees« und Skulpturen von einigen der größten Künstler unserer Zeit *(siehe S. 28f)*.

⑨ Raffles Hotel

In dem luxuriösen Hotel, in dem schon große Schriftsteller wie Joseph Conrad und Somerset Maugham zu Gast waren, wurde der berühmte Cocktail Singapore Sling erfunden *(siehe S. 30f)*.

Sentosa ⑩

Die Insel mit dem großen Angebot an Wellnessresorts, Sportmöglichkeiten zu Land und zu Wasser und weiteren Attraktionen für alle Altersgruppen ist Singapurs Erholungsgebiet *(siehe S. 32f)*.

TOP 10 National Museum of Singapore

Das Museum, das sich Singapurs Geschichte und Kultur widmet, wurde Mitte des 19. Jahrhundert gegründet und ist das älteste des Landes. Seit 1887 residiert es in dem prächtigen klassizistischen Bau. Der moderne, aus Glas und Stahl erbaute hintere Trakt bildet einen starken Kontrast zum restaurierten Originalgebäude. Zahlreiche multimediale Exponate machen die faszinierende Geschichte Singapurs lebendig.

1 Architektur & Design

Der Entwurf für den Museumsbau im palladianischen Stil *(oben)* stammt von Sir Henry McCallum und John McNair. Durch den modernen Anbau hiesiger Architekten wurde 2006 die Kapazität des Museums mehr als verdoppelt.

2 Singapore History Gallery

Münzen, Schmuck und Tonwaren bilden sämtliche Epochen von Singapurs Geschichte bis in die heutige Zeit ab. Ein spiralförmiger Weg führt die Besucher zu einem Fragment des Singapore Stone *(siehe S. 15)* und zur Revere Bell *(rechts)*.

3 Modern Colony Gallery

Um die kosmopolitische Natur Singapurs und das Leben wohlhabender Bürger in den 1920er und 1930er Jahren geht es in dieser Ausstellung *(links)*. Ein Fokus liegt auf der Rolle der Frau in der Gesellschaft, die damals langsam an Bedeutung gewann.

4 Glaspassage

Die Konstruktion der gläsernen Passage ist eine architektonische Meisterleistung, die auf eindrucksvolle Art Alt und Neu optisch verbindet.

5 Surviving Syonan

Die Ausstellung beleuchtet die Überlebensstrategien der Bevölkerung in der schweren Zeit der japanischen Besatzung, als Singapur den Namen Syonan trug.

6 Life in Singapore: The Past 100 Years

Die vier Dauerausstellungen auf Ebene 2 im alten Flügel – Surviving Syonan, Modern Colony, Growing Up und Voices of Singapore – befassen sich mit dem alltäglichen Leben in Singapur während der letzten 100 Jahre.

8 Growing Up Gallery

Hier erfährt man, wie Nachkriegskinder während des sozialen Umbruchs in den 1950er und 1960er Jahren aufwuchsen und wie sie von Kommunen, der Schule oder Freizeitangeboten in ihrer Entwicklung unterstützt wurden *(links)*.

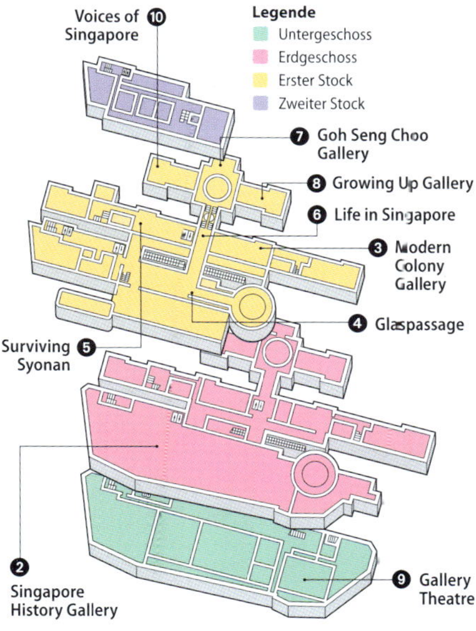

Buntglaskuppel

Die Kuppel ist das wohl eindrucksvollste bauliche Element des Museums. 2003 erfolgte eine umfangreiche Restaurierung der Zinkplatten und der 50 viktorianischen Buntglasfenster mit den floralen und geometrischen Mustern, die einzeln entfernt, gesäubert und ausgebessert wurden. Das Ergebnis kann sich wahrlich sehen lassen: An klaren Tagen zaubert das Sonnenlicht, das durch die Kuppel fällt, ein herrliches Farbenspiel.

9 Gallery Theatre

In dem Saal mit knapp 250 Plätzen werden u. a. Filme und Gesprächsrunden präsentiert.

10 Voices of Singapore

Mit Blick auf den 1970er und 1980er Jahren geht diese Galerie der Frage nach, wie Singapurer bei der Vielfalt kultureller Wurzeln Nationalgefühl entwickeln *(unten)*.

7 Goh Seng Choo Gallery

Die Aquarellstudien zu einheimischer Flora – eine Auswahl botanischer Illustrationen aus der William Farquhar Collection of Natural History Drawings – werden von »Pflanzen-Riech-Stationen« ergänzt.

Infobox

Karte L1 ■ 93 Stamford Rd ■ +65 6332-3659 ■ www.nationalmuseum.sg

■ tägl. 10–19 Uhr (letzter Einlass 18.30 Uhr, für Glaskuppel 18.15 Uhr)

■ Eintritt 15 S$ (ermäßigt 10 S$), Kinder unter 6 Jahren frei

■ Kostenlose Führungen in englischer Sprache gibt es täglich um 11 & 14 Uhr (Sa & So auch 15 Uhr). Treffpunkt ist bei der Rotunde links vom Haupteingang – fragen Sie am Infoschalter nach.

■ Stärkung bieten ein Café und das Restaurant Flutes im Erdgeschoss, das europäische Küche serviert.

TOP 10 Singapore River

Der Fluss, seit je Lebenszentrum der Stadt, passiert Godowns (Lagerhäuser) aus den 1920er Jahren, Bars und Restaurants am Clarke Quay und die Wolkenkratzer des Financial District. Der natürliche Hafen zog schon Sir Thomas Stamford Raffles, Gründer des modernen Singapur, an. Beim Uferspaziergang oder an Bord eines Bumboats, die sich einst in großer Zahl um den Boat Quay drängten, eröffnen sich schöne Stadtansichten. Auch wenn er nicht mehr die Hauptader für Handel ist, bleibt der 1987 gesäuberte Fluss doch Singapurs stetig pulsierendes Herz.

1 Singapore River Experience

Die nostalgischen Bumboats brauchen 40 Minuten für die Fahrt entlang der Quays und durch die Marina Bay. Tickets gibt es an den Ständen am Ufer, an Bord erhält man Informationen vom Band.

2 Boat Quay

Seit chinesische Kaufleute 1820 hier die ersten Godowns errichteten, herrscht an dem Kai Hochbetrieb. Statt der Boote sorgen heute eher die Bars und Restaurants für Leben.

3 Asian Civilisations Museum

In dem 1867 als Regierungsgebäude errichteten Bau eröffnete 2003 das Museum *(links)*, das sich der asiatischen Kultur widmet *(siehe S. 41)*.

4 Elgin Bridge

Der einzige Weg über den Fluss war 1822 eine hölzerne Zugbrücke. Die heutige Brücke von 1929 ist nach dem 8. Earl of Elgin, in den 1960er Jahren Generalgouverneur von Indien, benannt.

Infobox

Karte J2 – M3

Singapore River Experience: +65 6336-6111 ■ 28 S$ (ermäßigt 18 S$), unter 3 Jahren frei ■ www.rivercruise.com.sg

Asian Civilisations Museum: Karte M3 ■ 1 Empress Place ■ +65 6332-7798 ■ tägl. 10 – 19 Uhr (Fr bis 21 Uhr) ■ Eintritt 15 S$ (erm. 10 S$), unter 7 Jahren frei ■ www.acm.org.sg

Old Parliament House: Karte M3 ■ 1 Old Parliament Lane ■ +65 6332-6900 ■ tägl. 10 – 21 Uhr ■ Eintritt für Veranstaltungen ■ www.theartshouse.sg

■ Bumboat-Fahrten mögen zwar touristisch sein, bieten aber tatsächlich den besten Blick auf die eindrucksvolle Skyline der Stadt.

5 Clarke Quay

Das Uferareal *(unten)*, größtes Konservierungsprojekt am Fluss, ist bei Nachtschwärmern beliebt. In den schön restaurierten Godowns laden schicke Restaurants und nette Bars mit Tischen im Freien ein.

8 Alkaff Bridge

Die Form der augenfälligen Fußgängerbrücke erinnert an ein *tongkang*, ein traditionelles leichtes Boot für den Warentransport. Die farbenfrohe Bemalung stammt von der philippinischen Künstlerin Pacita Abad.

9 Cavenagh Bridge

Die nach einem früheren Gouverneur benannte Zugbrücke – in Glasgow angefertigt – ist heute Fußgängern vorbehalten. Ein Schild aus viktorianischer Zeit verwehrt Vieh den Zutritt.

Singapore Stone

Das im National Museum of Singapore *(siehe S. 12f)* ausgestellte Sandstein-Fragment gibt Rätsel auf; die 50-zeilige Inschrift konnte bis heute nicht entziffert werden. Es entstammt einer Steinplatte an einem Fels, die 1819 an der Flussmündung entdeckt worden war. Der Fels wurde 1843 auf Geheiß eines britischen Ingenieurs gesprengt. Insgesamt sind drei Fragmente erhalten.

6 Robertson Quay

Mit Aufblühen des Handels wurden flussaufwärts Sümpfe trockengelegt, um die Godowns des Robertson Quay zu errichten. Heute ist die beliebte Ufergegend von schicken Restaurants, Bars und Galerien geprägt.

7 Old Parliament House

Singapurs ältestes Gebäude *(unten)* wurde 1965, nach erlangter Unabhängigkeit, zum Parlament und ist heute ein Haus der Kunst *(siehe S. 89)*.

10 *People of the River*

Die Serie aus vier von asiatischen Künstlern geschaffenen Skulpturen am Flussufer zeigt Szenen aus Singapurs frühen Tagen – z. B. Kaufleute im Gespräch *(oben)* oder unbekümmerte Kinder beim Sprung ins Wasser.

TOP 10 Thian Hock Keng Temple

Seeleute erbauten den chinesischen Tempel – der älteste in Singapur – 1839 zu Ehren der Göttin Mazu, die ihr Leben für die sichere Überfahrt der Seefahrer geopfert haben soll. Das durch Spenden, u. a. von Hoklo-Führer Tan Tock Seng, finanzierte Bauwerk südchinesischen Stils enthält keinen einzigen Nagel und steht traditionsgemäß auf einer Nord-Süd-Achse. Der Tempel birgt Heiligtümer verschiedener Gottheiten.

1 Türbemalung

Die Malereien zeigen Glück verheißende Kreaturen *(links)*, die nach taoistischem Glauben den Tempel schützen. Ein Brett über der Schwelle hält böse Geister fern und sorgt für demütige Haltung.

2 Konstruktion

Handwerker aus Südchina bauten den Tempel in traditioneller Weise ohne Einsatz von Nägeln. Das Material wurde aus China importiert, darunter Eisenholz für die Säulen und Keramik für die prächtigen Dachmosaike *(rechts)*.

3 Stufe

Ursprünglich stand der Tempel direkt am Meer, wurde dann aber durch Landgewinnung vom Wasser abgeschnitten. Die hohe Stufe diente einst als Schutz vor den Gezeiten, die die Fundamente umspülten.

4 Decke

Die Renovierung des Tempels im Jahr 2000 führten Künstler aus China durch. Sie restaurierten die Schnitzereien an der Decke unter dem Hauptaltar, erneuerten das Blattgold und frischten auch die Malereien auf.

5 Guanyin, die Göttin der Gnade

In dem kleinen Hof hinter dem Hauptaltar steht ein Bildnis von der Göttin der Gnade *(unten)*. Es heißt, Guanyin habe die Aufnahme ins Nirvana abgelehnt, um auf Erden den Bedürftigen zu helfen.

Infobox

Karte L4 ■ 158 Telok Ayer St ■ +65 6423-4616 ■ www.thianhockkeng.com.sg ■ tägl. 7.30–17.30 Uhr

■ In dem Tempel werden Feste wie das Chinesische Neujahr und die Geburtstage der Göttinnen Guanyin und Mazu mit Gebeten, traditioneller Musik und Tanz gefeiert. Da chinesische Feiertage dem Mondkalender folgen, erkundigen Sie sich am besten vor Ort nach den Terminen.

■ An der Telok Ayer Street liegt ein beliebtes Hawker Center, wo Sie sich mit einheimischen Speisen, Obst und Kaltgetränken versorgen können.

8 Ahnentafeln

Nach der taoistischen Tradition der Ahnenverehrung werden die Ahnentafeln *(oben)* mit den Namen und Lebensdaten der Verstorbenen regelmäßig mit Gebeten und Opfergaben wie Räucherstäbchen oder Speisen bedacht.

Etikette

Wie in jedem Gotteshaus gilt es auch hier, die religiöse Hingabe der Gläubigen zu respektieren. Fotografieren ist erlaubt, nicht aber das Berühren von Altargegenständen. Anders als in Hindu-Tempeln und in Moscheen ist die Kleiderordnung relativ locker – hier sind auch Shorts und ärmellose Tops gestattet. Darüber hinaus darf man chinesische Tempel mit Schuhen betreten.

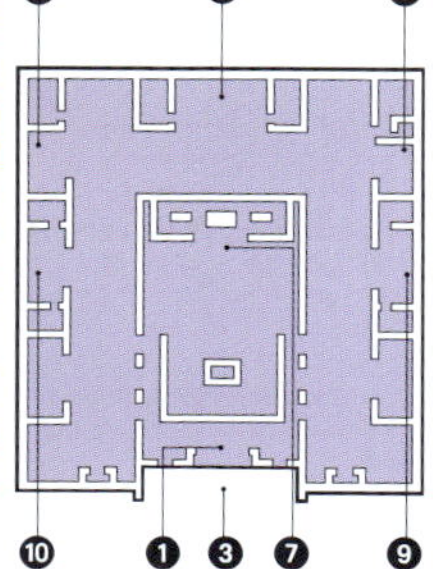

6 Chong Hock Girls' School

Gleich neben dem Tempel birgt eine der ersten Mädchenschulen Singapurs nun Läden. Finanziert wurde sie einst vom Hoklo-Verband Huay Kuan – solche Clans bildeten das Rückgrat der chinesischen Gemeinde.

7 Mazu, die Wächterin der Südlichen Meere

Ein Bildnis von der chinesischen Göttin der Seefahrt ziert die Haupthalle. Mazu wurde wohl 960 in der südchinesischen Provinz Fujian geboren und soll ihr Leben für Seeleute riskiert haben.

9 Konfuzius-Statue

Das Wertesystem des chinesischen Philosophen (551–479 v. Chr.), das Selbstdisziplin, Respekt in der Familie, Bildung und politische Verantwortung propagiert, prägt die chinesische Gesellschaft bis heute. Sein Bildnis *(unten)* wird hier verehrt.

10 Statue von Kai Zhang Sheng Wang

Der chinesische Gouverneur (8. Jh.) war so erfolgreich, die Wirtschaft anzukurbeln und den allgemeinen Lebensstandard zu verbessern, dass das Volk der Hoklo ihn als Gott verehrte.

TOP 10 Masjid Sultan

Das Viertel, in dem die Sultan-Moschee steht, wurde 1819 dem Sultan von Johor zugesprochen, der Singapur damals regierte. 1824 entstand die erste Moschee. Da die East India Company den Bau mitfinanzierte, hielt man sich an den in Ostasien typischen Stil mit pyramidenähnlichem Dach. Ein Jahrhundert später war die Moschee verfallen und die Architekten Swan & Maclaren, die viele bedeutende Gebäude der Stadt entwarfen, sorgten für den Bau eines neuen Gotteshauses.

4 Flaschenband

Den Sockel der Hauptkuppel ziert ein Band aus übereinandergeschichteten Flaschen, deren gläserne Böden wie dunkle Juwelen in der Sonne glitzern. Um alle Muslime am Wiederaufbau zu beteiligen, konnten ärmere Gemeindemitglieder statt Geld Flaschen spenden.

1 Gebetshalle

Die Gebetshalle *(oben)* bietet 5000 Gläubigen Platz. Sie ist Männern vorbehalten; Frauen gehören auf die Galerie. Der Teppich ist das Geschenk eines saudi-arabischen Prinzen und zeigt dessen Wappen.

2 Mihrab

Von der nach Mekka ausgerichteten Nische führt der Imam fünfmal am Tag das Gebet der Gläubigen an. Den Mihrab der Sultan-Moschee zieren goldene Motive mit aufwendigen Mustern.

3 Mimbar

Am Freitag, dem heiligen Tag der Muslime, hält der Imam seine *khutba* (Predigt) in der meist brechend vollen Gebetshalle vom Mimbar *(rechts)*, der für das Freitagsgebet reservierten reich verzierten Kanzel.

Infobox

Karte H5 ■ 3 Muscat St ■ +65 6293-4405 ■ www.sultanmosque.sg

■ Sa–Do 10–12 & 14–16 Uhr

■ Während des Fastenmonats Ramadan finden sich bei Sonnenuntergang rund um die Moschee Imbisswagen mit köstlichen malaiischen Spezialitäten ein.

■ In der Bussorah Street gegenüber der Moschee bieten Cafés türkischen und malaiischen Tee sowie frischen Limonensaft.

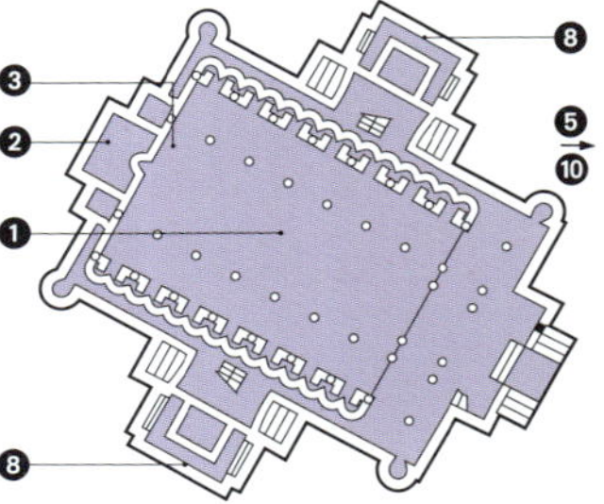

Etikette

Nichtmuslime dürfen die Moschee, nicht aber die Gebetshalle betreten. Sie können jedoch von den Gängen und Höfen, die die Halle umgeben, einen Blick ins Innere werfen. Besucher müssen lange Hosen oder Röcke sowie die Schultern bedeckende Oberteile tragen. Wer nicht passend gekleidet ist, bekommt gleich am Eingang einen Umhang ausgehändigt. Schuhe müssen vor dem Betreten der Moschee ausgezogen werden.

5 Maqam

In diesem Mausoleum im hinteren Teil der Moschee sind Mitglieder der königlichen Familie bestattet, u.a. der Enkel von Sultan Hussein Shah, dem Herrscher, der Singapur 1819 an Sir Thomas Stamford Raffles übergab.

6 Ausrichtung

Wie in den meisten Moscheen weist auch die Gebetshalle der Masjid Sultan gen Mekka. Um die ideale Ausrichtung zu ermöglichen, wurde die North Bridge Road in einer Kurve um die Moschee herumgeführt.

7 Kuppeln

Die Tradition, Moscheen mit Zwiebeltürmen zu krönen, stammt aus der Türkei und dem Nahen Osten. Dadurch hebt sich das Gotteshaus markant von den umliegenden flachen Bauten ab. Die goldene Kuppel zieren Halbmond und Stern, die traditionellen Symbole des Islam.

8 Waschbereiche

Die rituelle Waschung *wudhu (rechts)* soll vor dem Gebet Körper und Seele reinigen. Gläubige finden hier zwei Stellen mit Waschgelegenheit.

9 Architektur

Die ganz im sarazenischen Stil erbaute Masjid Sultan *(links)* vereint persische, maurische und türkische Elemente wie Spitzbogen, Minarette und Kuppeln. Den Innenraum schmücken kalligrafische Suren und Mosaike.

10 Anbau

Moscheen dienen Muslimen in mehrfacher Weise – sie bieten Raum für Schulen, für religiöse Feierlichkeiten und für Versammlungen des Gemeinderats. Diese Funktion für die Gemeinde erfüllt bei der Masjid Sultan der im Jahr 1993 errichtete Anbau.

TOP 10 Sri Veeramakaliamman Temple

Schon Mitte des 19. Jahrhunderts hatten indische Arbeiter hier einen kleinen Hindu-Tempel errichtet. Der unscheinbare Bau wurde 1983 abgerissen, um Platz für einen größeren zu schaffen. Handwerker aus Indien arbeiteten drei Jahre an dem kostenintensiven Projekt. Der Sri Veeramakaliamman Temple, eine der ältesten heiligen Stätten Singapurs, ist der Göttin Kali geweiht, die den Sieg des Guten über das Böse verkörpert. Sein Name bedeutet in etwa »Kali die Mutige«.

1 Kali

Den Hauptaltar ziert eine Figur der göttlichen Mutter Kali *(oben)*, Zerstörerin des Bösen. Sie steht für den Lebenszyklus von der Geburt bis zum Tod. Der Name ist Sanskrit und bedeutet »unendliche Zeit«.

2 Murugan

Wer zum sechsköpfigen Gott des Krieges betet, bittet meist um Erfolg. Die Gottheit wird vor allem von Tamilen – die Mehrheit der indischen Bevölkerung Singapurs – verehrt.

3 Altar der Neun Planeten

An diesem Altar, den die Symbole aller neun Planeten schmücken, beten Gläubige zum persönlichen Sternzeichen. Nahe Schmuckläden bieten Ringe mit neun nach den Sternzeichen angeordneten Steinen an.

4 Ganesha

Der elefantenköpfige Ganesha *(rechts)* ist die meistverehrte Gottheit der Hindus. Als Beseitiger von Hindernissen wird er zu Beginn eines Gebets angerufen, um den Kopf freizubekommen, er wird aber auch gern bei geplanten Lebensveränderungen konsultiert.

5 Waschung der Gottheiten

Rechts vom Hauptaltar nimmt ein Ausguss das Wasser auf, das die Gottheiten beim morgendlichen Reinigungsritual benetzt. Dieses gilt als heilig und wird beim Gebet verwendet.

6 Gopuram

Den Torturm am Tempeleingang zieren unzählige Götterfiguren. Gläubige, die an Feiertagen im Tempel keinen Platz mehr finden, erweisen den Figuren am Gopuram ihre Ehre.

7 Kokosnussknacken

Bevor Hindus den Tempel betreten, zertrümmern sie Kokosnüsse in einer kleinen Metallkiste. Symbolisch werden damit Hindernisse zerschlagen, die die spirituelle Konzentration stören. In die Nüsse eingeritzte Augen »sehen« die Widerstände auf dem Weg des Gläubigen und zerstören sie.

Etikette

Besucher müssen angemessene Kleidung tragen, die Schultern und Beine bedeckt. Schuhe werden vor dem Betreten des Tempels ausgezogen. Da in der indischen Kultur die linke Hand als unrein angesehen wird, gilt es als unhöflich, damit auf Personen oder heilige Gegenstände zu zeigen. Wer auf etwas deuten möchte, sollte die offene rechte Hand benutzen. Dass man für den Tempelbesuch das Handy ausmacht, versteht sich wohl von selbst.

9 Sri Lakshmi Durgai

Viele Darstellungen hinduistischer Gottheiten wirken aggressiv, doch Sri Lakshmi Durgai erscheint stets schön und anmutig. Der Glaube der Hindus besagt, dass die drei Augen und 18 Arme der Göttin jenen, die sie anbeten, Frieden und Freude bringen.

Infobox

Karte F3 ■ 141 Serangoon Rd ■ +65 6295-4538 ■ www.srivkt.org

■ tägl. 5.30–12 & 17–21 Uhr

■ Immer zu Deepavali *(siehe S. 67)*, dem bedeutendsten Fest der Hindus in Singapur, ist der Tempel von vielen kleinen Kerzen erleuchtet – Symbol für das ewige Licht der Seele.

■ Gegenüber vom Tempel serviert das einladende Suriya Restaurant (140 Serangoon Rd) leckere *dosai* (Pfannkuchen aus Reismehl) sowie gute und preiswerte Currys.

8 Sri Periachi

In einer Ecke der Anlage steht eine Statue der Göttin der Fruchtbarkeit, der Geburt und der Gesundheit von Neugeborenen, die traditionell blutig und grimmig dargestellt wird, um Böses abzuwehren.

10 Dachfiguren

Die Figuren auf dem Dach des Haupttempels *(unten)* erzählen Geschichten der Hindu-Überlieferung, etwa wie Ganesha zu seinem Elefantenkopf kam.

Folgende Doppelseite Detail am Tor zum Thian Hock Keng Temple

TOP 10 Singapore Botanic Gardens

Der 1859 als Lustgarten angelegte Park gilt als einer der schönsten botanischen Gärten Südostasiens und ist Singapurs erste und bisher einzige Stätte, die zum UNESCO-Welterbe zählt. Pfade schlängeln sich durch eine Tropenlandschaft, die die Lebensräume und Artenvielfalt der Region repräsentiert. Neben Alleen mit Siegelwachspalmen und Frangipanis birgt der Garten auch große Wiesen mit Bäumen und Skulpturen. An Wochenenden lockt er Familien, Jogger und Hundebesitzer in Scharen an, an Werktagen ist er eine Oase der Ruhe.

1 National Orchid Garden

In der wunderschönen, 1995 eröffneten Anlage *(rechts)* gedeihen mittlerweile über 1000 Orchideenarten und gut 2000 Hybriden. Einige der Hybriden sind nach Staatsoberhäuptern und internationalen Würdenträgern benannt, die den Garten in der Vergangenheit besucht haben *(siehe S. 47)*.

2 Vanda Miss Joaquim

Bis heute ist nicht klar, ob Miss Agnes Joaquim die Kreuzung in Rosa, Lila und Orange 1893 entdeckte oder züchtete. Jedenfalls wurde die zauberhafte Orchidee *(rechts)* 1981 zu Singapurs Nationalblume gekürt.

3 Seen

Im Park gibt es vier Seen: den nach seinen Bewohnern benannten Swan Lake *(links)*, den Symphony Lake mit der Konzertbühne, den Eco Lake und den Marschsee der Keppel Discovery Wetlands.

4 Healing Garden

Die Umrisse des Gartens, in dem mehr als 400 Arten von Heilpflanzen wachsen, entsprechen der Form des menschlichen Körpers. Die Pflanzen sind nach jeweiligem Wirkungsbereich angeordnet.

5 Skulpturen

Einige Skulpturen feiern die Aktivitäten der Familien, die den Park wochenends besuchen. *Freude (links)* steht am Swan Lake, das *Mädchen auf dem Fahrrad* scheint auf einer Hecke zu fahren, das *Mädchen auf der Schaukel* schwebt hoch in der Luft.

6 Palm Valley

Das 1879 entstandene Areal birgt mehr als 220 heimische und importierte, nach ihren Familien in »Inseln« angeordnete Palmenarten, darunter Talipot-Palmen und der »Baum der Reisenden« mit den charakteristischen fächerförmigen Blättern.

7 Jacob Ballas Children's Garden

Der Spielplatz ermuntert Kinder bis 14 Jahre, sich spielerisch der Biologie anzunähern und die Rolle von Pflanzen und Wasser im Alltag zu entdecken. Eltern sollten für ausreichend Sonnenschutz sorgen und Kleidung zum Wechseln dabeihaben.

»Mad Ridley«

1888 wurde der junge britische Botaniker Henry Ridley zum ersten Direktor der Singapore Botanic Gardens ernannt; 23 Jahre widmete er sich deren Ausbau. Gegen Ende des Jahrhunderts ersann er eine Methode zur Kautschukgewinnung, die die Bäume nicht schädigt. Die Leidenschaft, mit der er sich dafür bei den Plantagenbesitzern einsetzte, brachte ihm den Namen »Mad Ridley« ein.

9 Rain Forest

Die Gartenplaner würdigten die Bedeutung des heimischen Walds, indem sie einen Teil des Regenwalds erhielten. Die uralten Bäume in diesem Bereich *(oben)* gedeihen bis heute.

8 Musikpavillon

Der achteckige Pavillon wurde in den 1930er Jahren als Bühne für Militärkapellen errichtet. Er dient zwar heute nicht mehr diesem Zweck, bleibt aber ein Wahrzeichen des Parks.

10 Ginger Garden

In diesem interessanten Garten sind nicht nur Hunderte Arten von Ingwer *(links)* – darunter auch Gelbwurz (Kurkuma) –, sondern auch andere Zier- und Nutzpflanzen zu sehen, z. B. Lilien. Der Wasserfall ist ein beliebtes Fotomotiv.

Infobox

Karte S2 ■ 1 Cluny Rd ■ +65 6471-7361 ■ www.nparks.gov.sg/sbg

■ tägl. 5 – 24 Uhr; Healing Garden: Mi – Mo 7–19 Uhr; Children's Garden: Di – So 8 – 19 Uhr; Rain Forest: tägl. 7–19 Uhr

■ Eintritt frei

National Orchid Garden: tägl. 8.30 – 19 Uhr ■ Eintritt 15 S$ (ermäßigt 3 S$), unter 12 Jahren frei

■ Das Singapore Symphony Orchestra gibt hier gelegentlich Konzerte. Infos bietet die Park-Website.

TOP 10 Marina Bay

Im Rahmen eines groß angelegten Landgewinnungs- und Bauprojekts entstanden der Damm Marina Barrage und ein Süßwasserreservoir mitten in der Stadt. Das Gebiet rund um die Marina Bay bietet reizvolle Stadtansichten. Neben dem großen Finanzdistrikt finden sich hier grüne Oasen wie die Gardens by the Bay, schicke Shoppingmalls und luxuriöse Wohntürme. Beispiele surrealer Architektur gibt es viele, besonders augenfällig ist das »Boot« auf dem von Moshe Safdie entworfenen Hotel Marina Bay Sands. Auf einer rund 3,5 Kilometer langen Promenade mit Brücken lässt sich die Bucht umrunden.

Der imposante Hotelkomplex Marina Bay Sands blickt auf die Silhouette der Stadt

1 Gardens by the Bay

Bei der Gestaltung der außerordentlichen Landschaft – eine der Top-Attraktionen Singapurs – fanden über eine Million Pflanzen Einsatz. Hier locken der Supertree Grove, zwei riesige Gewächshäuser, Unterhaltungsprogramme und tolle Lokale *(siehe S. 28f)*.

2 Esplanade – Theatres on the Bay

Die stacheligen Kuppeln bergen Bühnen für Theater-, Musik-, Tanz- und Kunstdarbietungen. Es gibt hier außerdem eine Bibliothek, eine Galerie, das Hawker Center Makansutra *(siehe S. 61)* und weitere Läden und Restaurants *(siehe S. 42)*.

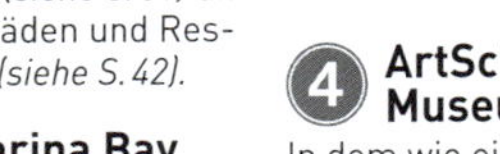

3 Marina Bay Sands

Das Resort umfasst ein Fünf-Sterne-Hotel *(links)*, diverse Restaurants und Bars, ein Casino, zwei Theater, das ArtScience Museum und die Luxusmall The Shoppes. Zum SkyPark auf dem Dach gehört auch ein Infinity Pool *(siehe S. 116)*.

4 ArtScience Museum

In dem wie eine Lotosblüte geformten Bau *(oben)* am Ufer wird ein reizvoller Mix aus Design, Wissenschaft und Technologie präsentiert. Neben der Dauerausstellung sind in den zehn »Fingern« des Gebäudes diverse, meist familienfreundliche Wechselausstellungen zu sehen.

5 Marina Barrage

Der 2008 eröffnete Staudamm ist rund um die Uhr begehbar. Im Westen liegt die Sustainable Singapore Gallery, auf deren grasbedecktem Dach die Singapurer gern Drachen steigen lassen oder picknicken.

8 Helix Bridge

Das Design der gebogenen Fußgängerbrücke, die Marina South und Marina Centre verbindet, ist von der DNA-Struktur inspiriert. Sie bietet tollen Blick auf die Bay, vor allem auf das ArtScience Museum, und ist nachts beleuchtet.

Luxus im Riesenrad

Die im Singapore Flyer angebotenen Luxusfahrten sind ein unvergessliches Erlebnis: Beim Premium Champagne Flight genießt man zur Aussicht edlen Champagner, beim Singapore Sling Flight gibt es den namensgebenden Cocktail. Beim romantischen Singapore Flyer Sky Dining Flight wird während zwei Umdrehungen ein viergängiges Menü nach Wahl inklusive Wein serviert.

6 Skyline

Über dem Finanzdistrikt Shenton Way ragen Singapurs höchste Wolkenkratzer auf: One Raffles Place, Republic Plaza und die Türme der UOB Plaza One. Das Ufer säumen traditionelle Flachbauten.

10 Singapore Flyer

Das größte Riesenrad Asiens ragt eindrucksvolle 165 Meter in den Himmel über der Marina Bay. Der Blick aus den klimatisierten Kabinen auf Singapore River, Stadt und entfernte Inseln ist atemberaubend.

7 Clifford Pier

An dem 1933 erbauten Art-déco-Pier kamen schon viele Seereisende an – nach dem Krieg starteten hier die Fähren zu den küstennahen Inseln. Unter den Bogen serviert nun ein Restaurant erstklassige heimische Küche und Nachmittagstee.

9 Merlion

Die vom Singapore Tourist Board kreierte Figur – halb Löwe, halb Fisch – symbolisiert die Verbundenheit der »Löwenstadt« mit dem Meer. Die Statue am Fluss wurde 1972 enthüllt.

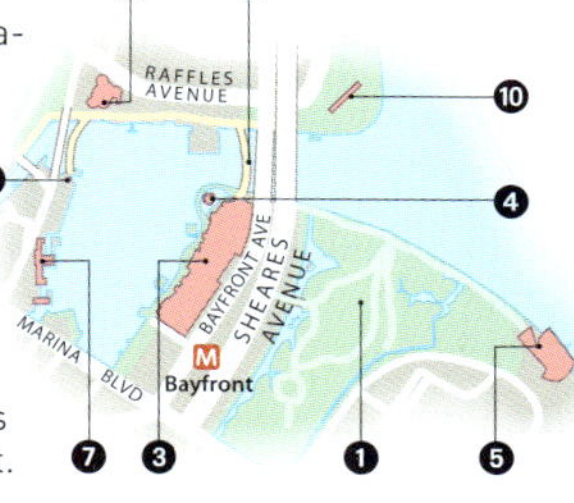

Infobox

Karte M3 – P4

ArtScience Museum: Karte N3 ■ 6 Bayfront Ave ■ +65 6688-8888 ■ tägl. 10 – 19 Uhr ■ Eintritt 66 S$ (erm. 53 S$) ■ www.marinabaysands.com/museum

Marina Barrage: Karte T3 ■ 8 Marina Gardens Dr ■ +65 6514-5959 ■ www.pub.gov.sg/marinabarrage ■ Sustainable Singapore Gallery: Mi – Mo 9 – 12 & 13 – 21 Uhr; Eintritt frei

Singapore Flyer: Karte P3 ■ 30 Raffles Ave ■ +65 6333-3311 ■ tägl. 14 – 22 Uhr ■ Eintritt 40 S$, Kinder (3 – 12 Jahre) 25 S$ ■ www.singaporeflyer.com

■ Um das Casino im Marina Bay Sands zu besuchen, muss man kein Hotelgast sein. Der Dresscode lautet lässig-elegant und verbietet Strandkleidung, Shorts und Flip-Flops.

■ Das Sands Theatre im MBS-Resort sorgt mit diversen Musicals und Broadway-Shows für feinste Familienunterhaltung.

TOP 10 Gardens by the Bay

Die grüne Oase, die sich auf 101 Hektar am Ufer der Marina Bay erstreckt, begeistert mit ihren Gewächshäusern, Wasserwegen und luftigen Brücken sowohl die Einwohner als auch die Besucher Singapurs. Bay East Garden und Bay Central Garden bieten atemberaubenden Blick auf die Skyline der Stadt. Die meisten Attraktionen finden sich im Bay South Garden, wo auch Festivals und Konzerte stattfinden. Der Park beherbergt über eine Million Pflanzen von sieben Kontinenten.

1 OCBC Skyway

Von dem 130 Meter langen Pfad, der sich in 22 Metern Höhe durch die »Supertree-Wipfel« schlängelt, bietet sich Besuchern ein sensationelles Panorama.

2 Heritage Gardens

Die Themengärten spiegeln die kulturelle Vielfalt Singapurs wider: der Indian Garden in Form eines traditionellen Blütenmotivs, der Malay Garden mit Nutzpflanzen, die der Ernährung dienen, und der Colonial Garden mit duftenden Gewürzpflanzen.

Die Gardens by the Bay aus der Vogelperspektive

3 Cloud Forest

Das Gewächshaus *(unten)* birgt einen üppig grünen Berg und wohl einen der weltweit größten Indoor-Wasserfälle. Auf Wegen in luftiger Höhe kommt man den Pflanzen ganz nahe.

4 Supertree Grove

Die vertikalen Gärten – Erkennungszeichen des Parks und Bühne für die abendliche Lightshow Garden Rhapsody *(siehe S. 64)* – beheimaten mehr als 200 Pflanzenarten, sammeln Regenwasser und gewinnen zudem Sonnenenergie. Auf dem höchsten »Superbaum« lockt eine Aussichtsplattform.

5 Skulpturen

Gut 40 Skulpturen verteilen sich in den Gardens by the Bay – indoor und outdoor. Beachtung verdienen z. B. Dale Chihulys *Ethereal White Persians* in den Höhen des Cloud Forest und die gewaltigen Metallfarne von Manolo Valdés.

8 Flower Dome

Eingeteilt in neun Gärten von mediterran über südamerikanisch bis zum Baobab-Hain, stellt das weltgrößte Glasgewächshaus *(links)* Besuchern Pflanzen aus allen Erdteilen vor.

9 Floral Fantasy

Vier Themenlandschaften – Dance, Float, Waltz und Drift – präsentieren hier florale Kunstwerke, die aufregende Blumenarrangements, Wasserspiele, skurrile Treibholzskulpturen und Zoologisches wie kleine farbenfrohe Pfeilgiftfrösche umfassen

10 Seen

Sowohl Dragonfly Lake als auch Kingfisher Lake eignen sich gut, um in den Schilfgürteln Libellen zu beobachten – die echten, nicht nur die Kunstwerke *(rechts)*. Die Seen dienen zudem als Filteranlage, da ihre Pflanzen das aus den Gärten abfließende Wasser reinigen, bevor es ins Marina Reservoir gelangt.

Nachhaltigkeit

Die Vision hinter den Gardens by the Bay ist vollständige Klimaneutralität: Strom wird CO_2-neutral vor Ort erzeugt, zur Kühlung der Gewächshäuser kommen energieeffiziente Technologien zum Einsatz, hohes Augenmerk liegt auf seltenen und gefährdeten Pflanzenarten und biodiverse Ökosysteme bieten verschiedensten Tierarten Schutz- und Lebensraum. Hunderte von Mangroven, die mehr Kohlenstoff binden als Regenwälder, tragen dazu bei, die Erderwärmung einzudämmen, und seit 2021 helfen auch die Kingfisher Wetlands, das CO_2 in der Luft zu senken.

6 Kingfisher Wetlands

Bächlein, Rockpools und Wasserkaskaden dienen als Mikrohabitate in dem Wasserschutzgebiet, wo über 200 Mangroven – auch bedrohte endemische Arten – wachsen und man Vögel und Reptilien beobachten kann.

7 The Canyon

Uralte Felsbrocken aus der chinesischen Provinz Shandong an einem 400 Meter langen Pfad bilden die weltgrößte Sammlung von Felsskulpturen.

Infobox

Karte P4/P5 ■ 18 Marina Gardens Dr ■ +65 6420-6848 ■ www.gardensbythebay.com.sg

■ tägl. 5–2 Uhr

■ Eintritt frei

OCBC Skyway: tägl. 9–21 Uhr ■ Eintritt 12 S$, Kinder (3–12 J.) 8 S$

Cloud Forest & Flower Dome: tägl. 9–21 Uhr ■ Eintritt 53 S$, Kinder (3–12 J.) 40 S$

Supertree Observatory: tägl. 9–21 Uhr ■ Eintritt 14 S$, Kinder (3–12 J.) 10 S$

Floral Fantasy: tägl. 10–19 Uhr (Sa & So bis 20 Uhr) ■ Eintritt 20 S$, Kinder (3–12 J.) 12 S$

■ Zwischen Bayfront Plaza und Flower Dome verkehrt etwa alle zehn Minuten ein Shuttlebus.

■ Die Grünflächen des Parks laden zum Picknicken ein.

■ Auf dem Gelände gibt es viele Imbissstände, Cafés und Restaurants. Im Flower Dome serviert z. B. das Marguerite (+65 6604-9988; Di–Fr mittags & Mo geschl.) feine saisonale Küche.

TOP 10 Raffles Hotel

Hinter der berühmten Fassade erstreckt sich ein Labyrinth aus Innenhöfen und Veranden. Das Hotel wurde 1887 von den armenischen Brüdern Sarkies in einem Bungalow gegründet und über die Jahre ausgebaut. Zum 100-jährigen Bestehen wurde es unter Denkmalschutz gestellt. Nach millionenschwerer Restaurierung erstrahlt das Haus nun wieder in seiner alter Pracht. Auch die Restaurants, Bars, Boutiquen, Galerien und das Museum machen das Raffles zu einer Sehenswürdigkeit.

1 Denkmalpflege

Die Pflege eines historischen Denkmals erfordert viel Aufwand: Die Restaurierung 1989–91 kostete 160 Millionen S$. 2017 war erneut eine dreijährige Renovierung nötig, um die Stellung des Hauses als *Grande Dame* unter Singapurs Luxushotels zu festigen.

2 Raffles 1915 Gin

Zum 100. Geburtstag des berühmten Cocktails Singapore Sling – Aushängeschild des Raffles Hotel – brachte die von einem Nachkommen Stamford Raffles' mitgegründete britische Destillerie Sipsmith diesen Gin auf den Markt.

3 Ambiente

Charakter und Opulenz haben ihren Preis, doch die Kombination von Geschichte und Luxus ist in diesem Hotel einzigartig. Die Portiers sind im traditionellen Stil der Sikhs gekleidet, Teakholzveranden, Marmorsäulen und tropische Gärten sorgen für Kolonialflair.

4 Writers Bar

Die edle Bar gedenkt mit Büchern und Erinnerungsstücken berühmter Schriftsteller, die hier zu Gast waren. Hinter der glänzenden Theke werden köstliche Cocktails gemixt – u. a. inspiriert von Pico Iyer, der hier an *This Could be Home* (2019) schrieb.

5 Tiffin Room

Im Tiffin Room werden seit 1892 Gäste verwöhnt. Das sehr geschätzte Curry-Restaurant des Hotels serviert würzige, herrlich aromatische Gerichte der nordindischen Küche.

6 Raffles Boutique

Der Geschenkeladen *(links)* führt Teelöffel und Tee, Pantoffeln, Safarihüte und vieles mehr – alles verziert mit dem Palmenmotiv des Hotels oder Bildern der Fassade. Hier gibt es auch ein eigenes Café und eine kleine Ausstellung zur stolzen Geschichte des Hotels *(siehe S. 92)*.

8 Long Bar

In der Bar *(links)* wurde der Singapore Sling erfunden – und wird heute noch nach Originalrezept zubereitet. Überraschend ist, dass man Erdnussschalen hier einfach auf den Boden werfen darf.

Berühmte Gäste

Auf der langen Liste prominenter Gäste stehen Schriftsteller, Schauspieler und Sänger aus jeder Ära. Rudyard Kipling und Joseph Conrad machten das Haus bei Literaten populär, William Somerset Maugham folgte. Frühen Hollywoodstars wie Charlie Chaplin und Maurice Chevalier taten es Noël Coward, Ava Gardner und Elizabeth Taylor nach. 1993 kam Michael Jackson. Glenn Close und Cate Blanchett waren während der Dreharbeiten zu *Paradise Road* 1996 zu Gast.

10 Raffles Courtyard

Die schöne Freiluftbar, wo man inmitten von Palmen feine Cocktails genießen kann, gehört fraglos zu den beliebtesten Plätzen des Hotels.

7 Osteria BBR by Alain Ducasse

Das Restaurant *(unten)* im ehemaligen Billiard Room ist eines von mehreren, die von namhaften Köchen geführt werden. Hier ist gehobene italienische Küche geboten. Die Sonntage sind für Brunch reserviert – natürlich mit Prosecco.

9 Afternoon Tea

Zu den vielleicht vornehmsten Traditionen im Raffles zählt der tägliche Nachmittagstee in The Grand Lobby *(rechts)*. Zu einer Auswahl bester Tees oder feinstem Bohnenkaffee werden kleine Sandwiches und Scones mit *clotted cream* (dicker Sahne) gereicht.

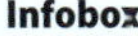

Infobox

Karte M1 ■ 1 Beach Rd ■ +65 6337-1886 ■ www.raffles.com/singapore

Writers Bar: tägl. 17–23 Uhr

Tiffin Room: tägl. 12–14 & 18.30–21.30 Uhr

Osteria BBR by Alain Ducasse: Mo & Do–Sa 12–14.30 & 18–22 Uhr

Long Bar: tägl. 12–23 Uhr

Raffles Courtyard: tägl. 14–22.30 Uhr

■ Einige der Lokale haben einen Dresscode.

TOP 10 Sentosa

Die stadtnahe Insel ist ganz der Erholung gewidmet. Landschaft und Freizeitangebot werden stetig ausgebaut und für jeden ist etwas dabei. Hauptattraktion sind wohl die Universal Studios. Die schön angelegten Strände säumen üppiger Regenwald, Restaurants und Bars. Der ursprüngliche Name Pulau Belakang Mati bedeutet »Insel mit dem Tod im Rücken« und rührt vermutlich von den einstigen Piratenüberfällen her. Der heutige Name Sentosa steht für »Ruhe und Frieden«.

1 S.E.A. Aquarium

Die Einrichtung beleuchtet das vielfältige Leben in Asiens Gewässern. Das bunte Meeresgetier *(unten)* fasziniert, absolutes Highlight sind hier aber die Mantarochen und Haie *(siehe S. 53)*.

2 Images of Singapore

Die Ausstellung bei Madame Tussauds – samt Bootsfahrt auf der *Spirit of Singapore* – zeigt den Wandel Singapurs vom bescheidenen Fischerdorf zu einer Metropole des 21. Jahrhunderts.

3 Skypark Sentosa

Der 50 Meter hohe Turm des Adventure-Anbieters A. J. Hackett ragt über dem Siloso Beach auf. Gebaut wurde er fürs Bungee-Jumping, umfasst nun aber auch eine Riesenschaukel und eine transparente Skybridge.

Infobox

Karte S3/T3 ■ 1800-736-8672 / +65 6736-8672 ■ www.sentosa.com.sg

■ Eintritt 4 S$ (zusätzliche Gebühr für Auto/Taxi)

Singapore Cable Car: tägl. 8.45 – 21.30 Uhr

■ Sie erreichen die Insel zu Fuß über den Sentosa Boardwalk oder mit der Monorail Sentosa Express ab VivoCity, mit dem Bus oder per Cable Car.

■ Auf Sentosa verkehren drei kostenlose Buslinien und noch eine Seilbahn.

■ Coastes am Siloso Beach sorgt fürs leibliche Wohl.

Inselgeschichte

Zur Kolonialzeit war die Insel Teil von Singapurs südlichen Verteidigungsanlagen und beherbergte britische Kasernen und Geschützstellungen. Den »friedlichen« Namen Sentosa erhielt sie erst in den 1970er Jahren, als man begann, sie zur Freizeitattraktion auszubauen. Der 50. Geburtstag Sentosas im Jahr 2022 wurde zum Anlass genommen, künftig auf Nachhaltigkeit zu setzen und den Naturschutz mehr in den Fokus zu rücken.

6 Siloso Beach

An diesem Strand *(links)* trifft sich der Jetset zum Beachvolleyball und zum Sonnenbaden. Einige der Bars und Restaurants haben den ganzen Tag auf, richtig los geht es hier aber erst nach Sonnenuntergang.

7 Sofitel SPA

Im Ambiente eines tropischen Gartens bietet dieses schöne Spa 14 Behandlungsräume, sechs Pavillons draußen und eine ganze Reihe weiterer Einrichtungen für Entspannungsuchende *(siehe S. 48)*.

4 Sentosa 4D AdventureLand

Der Themenpark – Südostasiens erstes 4-D-Kino – verfügt über ein hochmodernes Projektionssystem. Surround-Sound, Effekte und Sitze, die sich zur Handlung bewegen, machen den Spaß perfekt.

5 Fort Siloso

Originalexponate und Effekte wie Gefechtslärm veranschaulichen das Soldatenleben im Zweiten Weltkrieg und die Kapitulation Japans *(siehe S. 44)*.

8 Skyline Luge Sentosa

Luges, eine wilde Kombination aus Schlitten und Gokart, bereiten in der Regel allen Altersgruppen Spaß. Der Skyride-Sessellift bringt die Abenteuerlustigen auf den Berg hinauf, dann geht es sausend hinab. Temporegler sorgen für die nötige Sicherheit; die Kleineren fahren besser mit einem Erwachsenen mit *(links)*.

9 Singapore Cable Car

Die Seilbahn ist eine nicht ganz billige, aber aufregende Art der Anreise. Die Glaskabinen schweben von Mount Faber oder HarbourFront übers Wasser zum Imbiah Lookout, von wo eine zweite Linie zur Westspitze fährt *(unten)*.

10 Mega Adventure Park

Zu den vier sportlichen Herausforderungen, die auf diesem Abenteuerspielplatz warten, zählen ein Hindernisparcours mit Seilen und – als Highlight – eine 450 Meter lange Seilrutsche, an der man über den Siloso Beach schwebt.

Themen

Fußgängerbrücken über dem Atrium der National Gallery Singapore

Historische Ereignisse	36
Gotteshäuser	38
Museen	40
Architektur	42
Stätten des Zweiten Weltkriegs	44
Nationalparks & Gärten	46
Wellness	48
Unbekanntes Singapur	50
Kinder	52
Kunst & Kultur	54
Bars & Lounges	56
Restaurants	58
Hawker Center & Food Courts	60
Shoppingmalls	62
Kostenlose Attraktionen	64
Religiöse Feste	66

TOP 10 Historische Ereignisse

1 1390: Iskandar Shah

Singapur war ursprünglich vom Volk der Orang Laut bewohnt und im 13. Jahrhundert als Temasek bekannt. Es heißt, dass ein Prinz aus Sumatra namens Iskandar Shah sich um 1390 zum Herrscher der Insel erklärte und sie nach einer dort erspähten löwenähnlichen Kreatur in Singapura (»Löweninsel«) umbenannte.

2 15. Jahrhundert: Handelsposten

Ende des 14. Jahrhunderts wurde Singapur von Java oder von Siam angegriffen. Die Insel unterstand erst dem Sultanat von Malakka, dann dem Sultanat von Johor und wurde über die Jahre als Handelsposten immer bedeutsamer.

3 1819: Ankunft von Sir Stamford Raffles

Leutnant Gouverneur Raffles kam auf der Suche nach neuen Handelsplätzen für die East India Company her und gründete in deren Namen 1819 einen Handelshafen.

4 1824: East India Company

Die East India Company sicherte sich die Herrschaft über die Insel und die kleine Siedlung wuchs bald zur Stadt an. 1826 wurde Singapur Hauptstadt der Straits Settlements und 1867 britische Kronkolonie.

Arbeiter bei der Kautschukernte

5 1907: Kautschuk & Zinn

Neue Technologien erforderten neue Materialien. Aus den Kautschukpflänzlingen des Botanischen Gartens erwuchs Singapurs erste Kautschukplantage; am Pulau Brani entstand der erste Schmelzofen für Zinn, um die neue Konservenindustrie in den USA zu versorgen.

6 1942–45: Weltkrieg & Japanische Besatzung

Nach Luftangriffen fiel Singapur am 15. Februar 1942 in die Hände der Japaner. Während der dreijährigen Besatzung starben etwa 50 000 Menschen, die meisten waren Chinesen. Bei der Kapitulation Japans 1945 wurde die Insel an die britische Militärverwaltung übergeben.

Japanischer Luftangriff auf Singapur

7 1959: Selbstverwaltung

Nach jahrelangen Verhandlungen stimmten die Briten endlich einer landesweiten Wahl zu. Sieger war die Partei People's Action, die ein mit Malaya vereintes, von Großbritannien unabhängiges Singapur versprach.

8 1959: Lee Kuan Yew

Lee Kuan Yew wurde am 3. Juni 1959 zum ersten Premierminister Singapurs gewählt. Der als »Vater der Nation« verehrte Staatsmann trat 1990 zurück, blieb aber bis zu seinem Tod 2015 eine tragende Säule der asiatischen Politik.

Premierminister Lee Kuan Yew

9 1965: Unabhängigkeit

Singapur wurde 1963 Teil der Federation of Malaysia. Politische und ethnische Spannungen führten 1964 zu Aufständen. Am 9. August 1965 erklärte Lee den Austritt aus dem Bündnis, die Republik Singapur war geboren.

10 2017: Präsidentin Halimah Yacob

Mit Halimah Yacob wurde 2017 erstmals eine Frau ins Präsidentenamt des Stadtstaats gewählt – und nach 47 Jahren die erste Person mit malaiischen Wurzeln.

Literatur über Singapur

Comicautor Sonny Liew

1 *Singapore: A Biography* von Mark Ravinder Frost & Yu-Mei Balasingamchow
Revolutionäre, Arbeiter und Herrscher erzählen die Geschichte Singapurs.

2 *Inheritance* von Balli Kaur Jaswal
Es geht um Tradition, Identität und Zugehörigkeit im sich wandelnden Singapur.

3 *Abraham's Promise* von Philip Jeyaretnam
Ein Lehrer erinnert sich an seine Jugend im Singapur der 1950er/1960er Jahre.

4 *The Art of Charlie Chan Hock Chye* von Sonny Liew
Der vielschichtige Comic-Roman erzählt 80 Jahre der Geschichte Singapurs.

5 *Or Else, The Lightning God and Other Stories* von Catherine Lim
Die Szenen aus dem Singapur der 1970er Jahre sind scharf beobachtet.

6 *Crazy Rich Asians* von Kevin Kwan
Thema der Satire sind drei reiche chinesische Familien und ihre Machenschaften.

7 *Singapore Noir* von Cheryl Lu-Lien Tan (Edit.)
Die Storys lassen in Singapurs Hinterhöfe, Spielhöllen und Rotlichtviertel blicken.

8 *Balik Kampung* von Verena Tay (Edit.)
Eine Sammlung von Kurzgeschichten beleuchtet Singapurs Wohnviertel.

9 *Saving the Rainforest and Other Stories* von Claire Tham
Hier fesseln verschiedenste Szenen aus dem Alltag in Singapur.

10 *State of Emergency* von Jeremy Tiang
In diesem Roman sind Familien- und Landesgeschichte eng verwoben.

TOP 10 Gotteshäuser

1 St Andrew's Cathedral

Sir Raffles selbst wählte das Stück Land für die dem schottischen Schutzpatron geweihte anglikanische Kirche. Sie birgt den Canterbury Stone – ein Geschenk der Metropolitan Cathedral Church of Canterbury –, das aus versilberten Nägeln der Coventry Cathedral bestehende Coventry-Kreuz und ein Stück des Teppichs, der zur Krönung von Queen Elizabeth II in der Westminster Abbey lag *(siehe S. 43)*.

2 Armenian Apostolic Church

Karte L2 ■ 60 Hill St ■ +65 6334-0141 ■ tägl. 10–18 Uhr ■ www.armeniansinasia.org

Die 1835 erbaute, Gregor dem Erleuchter geweihte Kirche war Zentrum der heute kaum noch vorhandenen armenischen Gemeinde. Hinter der Kirche erinnern Grabsteine an berühmte Gemeindemitglieder wie die Brüder Sarkies, die das Raffles Hotel gründeten, und Vanda Miss Joaquim, nach der Singapurs Nationalblume benannt ist.

3 CHIJMES (Convent of the Holy Infant Jesus)

Die Klosterschule wurde 1983 in einen Unterhaltungskomplex umgewandelt. In der reich geschmückten gotischen Kapelle finden noch Hochzeiten – zu sehen in der US-amerikanischen Komödie *Crazy Rich* –, aber keine Gottesdienste mehr statt. An der nordöstlichen Pforte wurden einst Säuglinge abgelegt und der Obhut der Nonnen übergeben *(siehe S. 43)*.

Statue im Sri Thendayuthapani Temple

4 Sri Thendayuthapani Temple

Karte K1 ■ 15 Tank Rd ■ +65 6737-9393 ■ tägl. 8–12 & 17.30–20.30 Uhr ■ www.sttemple.com

An der Stelle stand einst nur eine Statue des Gottes Murugan unter einem Bodhibaum. Der erste Tempel wurde im Jahr 1859 errichtet; 1983 ersetzte man ihn durch einen neuen Bau. Nach Hindu-Tradition wird der Tempel alle zwölf Jahre renoviert.

5 Kong Meng San Phor Kark See Monastery

Karte T2 ■ 88 Bright Hill Rd ■ +65 6849-5300 ■ tägl. 8–16 Uhr ■ www.kmspks.org

Singapurs größte buddhistische Tempelanlage wurde 1920 für die Mönche in der Stadt errichtet. Das Kloster hat noch immer große Bedeutung. Sehenswert sind die Hall of Great Strength mit dem Sakyamuni-Buddha, die

CHIJMES (Convent of the Holy Infant Jesus)

für Guanyin, den Bodhisattva des Mitgefühls, erbaute Hall of Great Compassion und die Pagode der 10 000 Buddhas.

6 Cathedral of the Good Shepherd

Karte M1 ■ A Queen St ■ +65 6337-2036 ■ tägl. 8–21 Uhr (Sa & So ab 7 Uhr) ■ www.cathedral.catholic.sg

Der Katholizismus kam Anfang des 16. Jahrhunderts mit den Portugiesen nach Singapur. Lange wurden Messen in einem strohgedeckten Bau an der Bras Basah Road gelesen, im frühen 19. Jahrhundert erbaute man die Kirche, das benachbarte Convent of the Holy Infant Jesus und die Schule St Joseph's. Bei Gottesdiensten sind auch Nichtkatholiken willkommen.

7 Maghain Aboth Synagogue

Karte L1 ■ 24 Waterloo St ■ +65 6337-2189 ■ nur nach Vereinbarung ■ www.singaporejews.com

1831 kamen aus dem Irak und dem Iran die ersten Juden nach Singapur. Maghain Aboth (»Schild der Väter«), die älteste Synagoge der Stadt, wurde 1878 geweiht.

8 Telok Ayer Chinese Methodist Church

Karte L5 ■ 235 Telok Ayer St ■ +65 6324-4001 ■ tägl. 9–17 Uhr ■ www.tacmc.org.sg

Die Kirche wurde 1924 von Hoklo-Methodisten erbaut. Viele Details wie Fenster und Bogen sind zeitgenössisch, doch das Dach ist traditionell chinesisch. Gottesdienste werden in Chinesisch, Mandarin und Hokkien gehalten.

9 Tan Si Chong Su Temple

Karte K3 ■ 15 Magazine Rd ■ +65 6533-2880 ■ tägl. 9–23 Uhr

Der dem Clan der Tan gewidmete Schrein stand einst direkt am Fluss,

Altar im Tan Si Chong Su Temple

durch Landgewinnung entfernte sich das Ufer. Ein nicht öffentlich zugänglicher Raum birgt Ahnentafeln verstorbener Clanmitglieder.

10 Hong San See Temple

Karte J2 ■ 31 Mohamed Sultan Rd ■ +65 6737-3683 ■ tägl. 8–18 Uhr

Die Tempelanlage auf einem Hügel über der Mohamed Sultan Road wurde vor rund 100 Jahren von Einwanderern aus der chinesischen Provinz Fujian erbaut und steht seit 1978 unter Denkmalschutz. Auf den Granittafeln in der Eingangshalle stehen die Namen der Stifter. Der Tempel ist dem Gott des Glücks, der Göttin der Gnade und dem Himmlischen Kaiser geweiht.

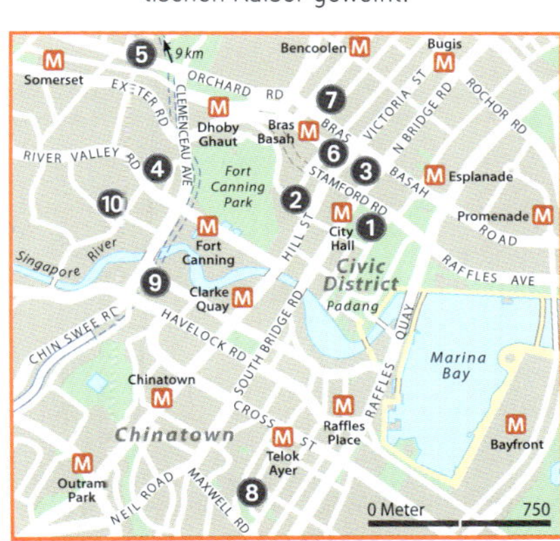

TOP 10 Museen

1 National Gallery Singapore

Karte M2 ▪ 1 St Andrew's Rd ▪ +65 6271-7000 ▪ tägl. 10–19 Uhr ▪ Eintritt ▪ www.nationalgallery.sg

Die 2015 eröffnete Kunstgalerie präsentiert eine Sammlung heimischer und ostasiatischer Werke sowie exzellente Wechselausstellungen.

National Gallery Singapore

2 Peranakan Museum

Karte L1 ▪ 39 Armenian St ▪ +65 6332-7591 ▪ tägl. 10–19 Uhr (Fr bis 21 Uhr) ▪ Eintritt ▪ www.peranakanmuseum.org.sg

Um die Kultur der Peranakan – eine ethnische Gruppe, die aus Ehen zwischen malaiischen Frauen und Händlern aus China hervorgegangen ist – geht es in diesem interessanten Museum. Eindrucksvolles Kunsthandwerk wie Schmuck, Mobiliar, Perlarbeiten und Porzellan machen die Verbindung der beiden Kulturen anschaulich.

3 Lee Kong Chian Natural History Museum

Karte S3 ▪ National University of Singapore, 2 Conservatory Drive ▪ +65 6601-3333 ▪ Di–So 10–19 Uhr ▪ Eintritt ▪ www.lkcnhm.nus.edu.sg

Das Naturgeschichtliche Museum der Universität ist ein echter Geheimtipp. Die Sammlung biologischer Präparate illustriert in wunderbarer Weise die unglaubliche Vielfalt der Natur. Dabei lernt der Besucher auch viel über Singapurs Flora, Fauna und Geologie.

4 Malay Heritage Centre

Karte H4 ▪ 85 Sultan Gate ▪ +65 6391-0450 ▪ bis Mitte 2025 wegen Renovierung geschl. ▪ www.malayheritage.org.sg

Zu dem den Malaien gewidmeten Kulturzentrum *(siehe S. 81)* gehört ein Museum, wo auf zwei Etagen sowohl die faszinierende Geschichte der Ureinwohner Singapurs als auch die Entwicklung des Viertels Kampong Glam beleuchtet wird.

5 Changi Chapel & Museum

Karte U2 ▪ 1000 Upper Changi Rd ▪ +65 6214-2451 ▪ tägl. 9.30–17.30 Uhr ▪ Eintritt ▪ www.nhb.gov.sg/changichapelmuseum

Das jüngst renovierte Museum gedenkt des Kriegsgefangenenlagers in Changi, in dem im Zweiten Weltkrieg gut 50 000 alliierte Soldaten und Zivilisten interniert waren.

6 Chinatown Heritage Centre

Das Museum erstreckt sich über drei sorgsam restaurierte Shophouses im Herzen von Chinatown. Dioramen zeigen dort die Lebensbedingungen früher chinesischer Immigranten: Familien, die auf engstem Raum leben und gegen Armut, Krankheit und Opiumsucht ankämpfen *(siehe S. 71)*.

Chinatown Heritage Centre

National Museum of Singapore

7 National Museum of Singapore

Singapurs ältestes und wohl auch bestes Museum dokumentiert die turbulente Geschichte der Insel vom 14. Jahrhundert bis zur Gegenwart. Die Exponate sind für Jung und Alt interessant. Die App des Museums liefert zusätzliche Details *(siehe S. 12f)*.

8 Asian Civilisations Museum

Das Museum im Empress Place Building *(siehe S. 43)* widmet sich der asiatischen Geschichte, Kunst und Kultur. Es präsentiert über 1300 Artefakte, darunter islamische Kunstwerke, indonesische Schreine und Textilien *(siehe S. 14)*.

9 Red Dot Design Museum

Karte N5 ■ 11 Marina Blvd ■ +65 6514-0111 ■ tägl. 11–19 Uhr (Sa & So ab 10 Uhr) ■ www.museum.red-dot.sg

Asiens größtes Designmuseum stellt über 1000 innovative Produkte aus den Bereichen Design und Kommunikation aus. Viele davon wurden mit dem international angesehenen Red Dot Design Award ausgezeichnet.

10 Former Ford Factory

Karte S2 ■ 351 Upper Bukit Timah Rd ■ Di–So 9–17.30 Uhr ■ Eintritt ■ www.corporate.nas.gov.sg/former-ford-factory

In der ehemaligen Ford-Autofabrik, wo sich 1942 die britischen Streitkräfte den Japanern ergaben, befindet sich nun ein von den National Archives of Singapore betriebenes Kriegsmuseum. Die Ausstellung veranschaulicht anhand von Dokumenten und Artefakten das harte Leben unter der japanischen Besatzung und beschreibt die Unabhängigkeitsbestrebungen der Nachkriegszeit.

Exponat im Asian Civilisations Museum

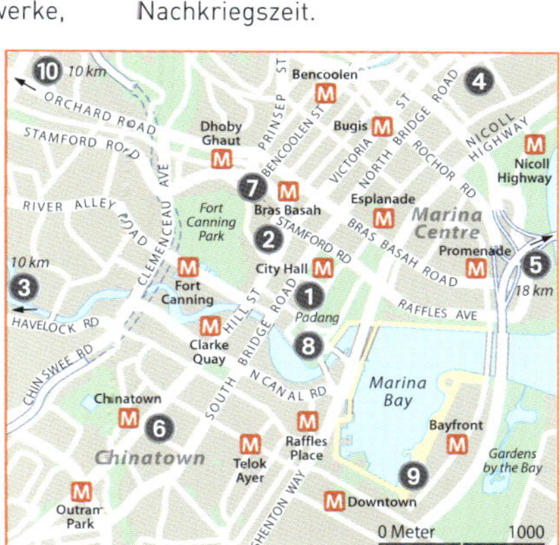

TOP 10 Architektur

Kuppel des Veranstaltungszentrums Esplanade – Theatres on the Bay

1 Old Parliament House

Singapurs ältestes Gebäude wurde 1827 als Privathaus irrtümlich auf für Regierungsbauten reserviertem Land errichtet und nachträglich von der Kolonialverwaltung übernommen. Der Architekt G. D. Coleman entwarf das Gebäude in palladianischem Stil mit Veranden, hohen Decken und Torbogen. Seit 2003 dient es als The Arts House *(siehe S. 55)* für diverse Kulturveranstaltungen *(siehe S. 15 & S. 89)*.

2 Esplanade – Theatres on the Bay

Karte N2/N3 ■ 1 Esplanade Dr ■ +65 6828-8377 ■ tägl. 10–23 Uhr ■ www.esplanade.com

Das Aussehen des für 600 Millionen Singapur-Dollar erbauten und 2002 eröffneten Kulturzentrums *(siehe S. 54)* löste Debatten aus. Den Spitznamen »Durian« trägt es wegen der an die stachelige Frucht erinnernden Aluminiumplatten der Kuppeln. Führungen geben tieferen Einblick.

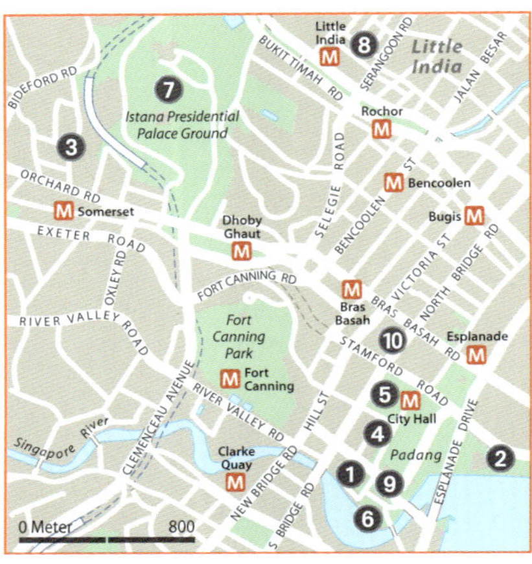

3 Emerald Hill Road

Die Reihenhäuser aus der Vorkriegszeit zählen zu den ersten Privatbauten in Singapur, die unter Denkmalschutz gestellt wurden. Sie illustrieren die kulturellen Einflüsse ihrer Zeit. Beachten Sie die Hausnummern 41, 77 & 79–81 *(siehe S. 95)*.

4 City Hall & Supreme Court

Die beiden imposanten Gebäude – das Rathaus mit seinen Säulen und den breiten Stufen, der ehemalige Oberste Gerichtshof mit seiner Kuppel – bilden seit 2015 die National Gallery Singapore *(siehe S. 40)*. Beim Gang durch die Marmorkorridore sieht man auch den Raum, in dem die Japaner 1945 die Kapitulation unterzeichneten *(siehe S. 91)*.

5 St Andrew's Cathedral

Karte M2 ■ 11 St Andrew's Rd ■ +65 6337-6104 ■ Mo–Sa 9–17 Uhr ■ www.cathedral.org.sg

Das anglikanische Gotteshaus *(siehe S. 38)* im Stil einer englischen Pfarrkirche ist aus *chunam*, einer Masse aus Muschelkalk, Eiweiß, Zucker und Kokosnussschalen, erbaut. Indische Zwangsarbeiter brachten dieses »Rezept« aus British India mit.

6 Empress Place Building

Wegen seiner Lage an der Mündung des Singapore River war das Gebäude im palladianischen Stil, 1867 für Singapurs Verwaltung errichtet, das erste, das Reisende bei ihrer Ankunft in der Stadt sahen. Ende der 1980er Jahren wurde es in ein Kunstmuseum verwandelt und nach einer Reihe größerer Um- und Erweiterungsbauten birgt es seit 2003 das Asian Civilisations Museum *(siehe S. 89)*.

Anbau des Empress Place Building

7 Istana & Sri Temasek

Der Istana (malaiisch »Palast«) 1869 als Gouverneursresidenz auf dem Hügel erbaut und von üppigen tropischen Gärten umgeben, vereint malaiische Palastarchitektur und italienische Renaissance. Das kleinere Gebäude auf dem Gelände, der Sri Temasek, diente einst den Kolonialbeamten als Sekretariat *(siehe S. 94)*.

House of Tan Teng Niah

8 House of Tan Teng Niah

Karte F4 ■ 37 Kerbau Rd ■ für die Öffentlichkeit geschl.

Das auch als Tan House bekannte, 1900 erbaute Haus zeigt einen bunten Mix kultureller Einflüsse: europäische Säulen und Bogenfenster, chinesische grüne Fliesen über dem Portikus und malaiisches Schnitzwerk an den Dachtraufen.

9 Victoria Theatre & Concert Hall

1862 wurde das Theater fertiggestellt, 1905 entstand zu Ehren Queen Victorias auch die Memorial Hall. Der Stil der italienischen Renaissance war im viktorianischen England sehr beliebt *(siehe S. 89)*.

10 CHIJMES (Convent of the Holy Infant Jesus)

Karte M1 ■ 30 Victoria St ■ tägl. 8–24 Uhr ■ www.chijmes.com.sg

Das Kloster *(siehe S. 38)* wurde 1841 erbaut, 1856 kam ein Waisenhaus hinzu. Die Kapelle, deren Bogen und Säulen für gotisches Flair sorgen, fügte man 1903 an. Seit den 1990er Jahren finden sich in der Anlage Restaurants und einige Clubs.

TOP 10 Stätten des Zweiten Weltkriegs

Surrender Chamber, Fort Siloso

1 Fort Siloso

Karte S3 ■ Siloso Point, Sentosa ■ tägl. 10–18 Uhr ■ Eintritt

Die letzte britische Küstenfestung in Singapur gewährt Einblick in den Soldatenalltag im Zweiten Weltkrieg. In den Surrender Chambers sind die Kapitulationen der Briten und der Japaner nachgestellt *(siehe S. 33)*.

2 Reflections at Bukit Chandu

Karte S3 ■ 31-K Pepys Rd ■ +65 6375-2510 ■ Di–So 9.30–17 Uhr ■ Eintritt ■ www.nhb.gov.sg/bukitchandu

Im Februar 1942 bezogen 1400 Soldaten des malaiischen Regiments auf dem Bukit Chandu Stellung gegen 13 000 japanische Soldaten. Das Museum erinnert an ihren Mut.

3 Labrador Park

Karte S3 ■ Labrador Villa Road ■ tägl. 7–19 Uhr

Die Kanonen des Fort Pasir Panjang konnten Granaten 16 Kilometer weit feuern, um Angriffe von See abzuwehren. Viele Stellungen sind noch zu sehen.

4 Battlebox

Karte E6 ■ 2 Cox Terrace ■ +65 6338-6133 ■ Mi–So 9.30–18 Uhr ■ www.battlebox.com.sg

Die britische Kommandozentrale wurde bombensicher gebaut und mit eigener Sauerstoffversorgung versehen. Modelle zeigen das Treffen von 1942, bei dem General Percival die Kapitulation gegenüber Japan beschloss.

5 Changi Chapel & Museum

Das Museum widmet sich den von 1942 bis 1945 im Changi Prison internierten Kriegsgefangenen. Es zeigt u. a. Nachbildungen der vom Artilleristen Stanley Warren geschaffenen Wandmalereien in der St Luke's Chapel *(siehe S. 40)*.

6 Former Ford Factory

Im alten Singapurer Werk des US-amerikanischen Autoherstellers Ford erinnert eine Ausstellung an die Zeit der japanischen Besatzung und an den daraus resultierenden Kampf der Bevölkerung um Unabhängigkeit. Die Exponate geben einen detaillierten Einblick in das Leben vor, während und nach dem Zweiten Weltkrieg *(siehe S. 41)*.

7 Kranji War Memorial & Cemetery

Das Mahnmal steht auf den Gräbern von über 4000 alliierten Soldaten, die hier gefallen sind. Die Säulen nennen 24 000 Namen weiterer Toter, die nie gefunden wurden *(siehe S. 103)*.

Kranji War Memorial & Cemetery

8 Padang

Karte M2

Auf dem Platz trieben die Japaner die Europäer der Stadt zusammen und wiesen sie Gefängnissen zu – 2300 Zivilisten dem Changi Prison, britische und australische Soldaten den Selarang Barracks. Nach der Kapitulation der Japaner fand hier eine große Siegesparade statt.

Civilian War Memorial

9 Civilian War Memorial

Karte M2 ■ Beach Road

Die vier Säulen des hier auch als »Chopsticks Memorial« bekannten Denkmals symbolisieren die Ethnien (Chinesen, Malaien, Inder und andere), die unter der japanischen Besatzung zu leiden hatten. Rundum liegen Gräber unbekannter Opfer.

10 Lim Bo Seng Memorial

Karte M3 ■ Queen Elizabeth Walk

Das Monument gedenkt des hiesigen Helden, der vor den Japanern nach Sri Lanka floh und dort Widerstandskämpfer ausbildete. Bei der Rückkehr auf die Malaiische Halbinsel geriet er in Kriegsgefangenschaft, die er nicht überlebte.

Der Zweite Weltkrieg in Singapur

General Percival ergibt sich

1 7./8. Dezember 1941
Japan greift Pearl Harbor an und startet eine gewaltige Offensive mit Einmarsch auf den Philippinen, in Hongkong und in Thailand. Auf Singapur fallen erste Bomben.

2 8. Februar 1942
Die Japaner fallen von Malaysia aus in Singapur ein.

3 15. Februar 1942
Der britische General Percival ergibt sich General Yamashito und die japanische Besatzung beginnt.

4 16. Februar 1942
Alle Europäer müssen sich auf dem Padang sammeln und den Weg ins 23 Kilometer entfernte Changi Prison antreten.

5 Mai 1943
Die ersten 600 Gefangenen müssen Zwangsarbeit an der Strecke der »Todes-Eisenbahn« Burma – Thailand leisten.

6 1943
Als der Druck auf Japan wächst, werden Essensrationen gekürzt. Die Lebensbedingungen verschlechtern sich.

7 November 1944
Hunger und Krankheiten breiten sich mehr und mehr aus. Die USA starten erste Angriffe auf Singapurs Hafen.

8 Anfang 1945
Die Lebensbedingungen werden immer unerträglicher, viele Menschen sterben an Unterernährung.

9 Mai 1945
Die Nachricht vom Kriegsende in Europa erreicht Singapur – ein Hoffnungsschimmer für die verzweifelte Stadt.

10 12. September 1945
Japan kapituliert gegenüber Lord Louis Mountbatten, dem Vizekönig von Indien, formell in Singapurs City Hall.

TOP 10 Nationalparks & Gärten

1 Singapore Botanic Gardens

Obwohl die lebhafte Orchard Road nur ein paar Schritte entfernt ist, wähnt man sich inmitten der Frangipanis, der Seen und des Regenwalds weit weg von der Stadt. Ein Spaziergang durch die friedvollen Gärten bietet nach einem Tag voller Shopping und Sightseeing Entspannung. Singapurer praktizieren hier gern ihr morgendliches Tai-Chi *(siehe S. 24f)*.

2 Chinese Garden & Japanese Garden

Zwei Landschaftsphilosophien stehen hinter den jüngst umgestalteten, auf Nachbarinseln im Jurong Lake gelegenen Gärten. Der Chinese Garden präsentiert eine Bonsai-Sammlung im Suzhou-Stil, ein Steinboot und bunte Bauten. Jenseits der »Bridge of Double Beauty« liegt der friedliche Japanese Garden – der Inbegriff von Ruhe und Entspannung. Von der siebenstöckigen Pagode im Chinese Garden hat man herrlichen Blick auf beide Gärten *(siehe S. 101)*.

3 Southern Ridges

Die bewaldeten Hügel an der Südwestküste erstrecken sich über zehn Kilometer und umfassen vier über Brücken miteinander verbundene Parks voller reizvoller Wanderwege *(siehe S. 100)*.

Sungei Buloh Wetland Reserve

4 Sungei Buloh Wetland Reserve

Hölzerne Stege führen durch dieses Mangrovengebiet, in dem Schlammspringer und Warane leben. Halten Sie auch Ausschau nach Salzwasserkrokodilen und nach dem Atlasspinner – der Schmetterling ist mit bis zu 30 Zentimetern Spannweite der größte der Welt. Von geschützten Plätzen am Wasser aus kann man Exemplare der 144 heimischen Vogelarten beobachten *(siehe S. 101)*.

5 Gardens by the Bay

Singapurs weitläufige und preisgekrönte Grünanlage an der Marina Bay umfasst drei Gärten: Bay South Garden, Bay East Garden und Bay Central Garden. Die größten Besucherattraktionen – darunter Supertree Grove, Cloud Forest und Flower Dome – finden sich im großen Bay South Garden. Der Park ist bei Jung und Alt gleichermaßen be-

Gardens by the Bay

liebt und dient auch als Schauplatz für verschiedenste Veranstaltungen *(siehe S. 28f)*.

6 East Coast Park

Karte T3 ■ East Coast Parkway ■ www.nparks.gov.sg

Für viele Reisende ist der Park, der sich entlang der Autobahn vom Flughafen in die Stadt erstreckt, das Erste, was sie von Singapur sehen. Der lange Sandstrand mit schattigen, von Kasuarinen und Kokospalmen gesäumten Wegen ist bei Rad- und Rollschuhfahrern beliebt. Reizvoll ist der Blick auf die vielen Schiffe, die die Straße von Singapur durchqueren.

7 MacRitchie Reservoir Park

Karte S2 ■ Lornie Road ■ rund um die Uhr ■ www.nparks.gov.sg

Vom Steg, der um das Naturreservat führt, sind noch Reste von Singapurs Kautschukplantagen zu sehen. Den Wald durchziehen verschiedene Wanderwege, deren Länge von drei bis zu elf Kilometern reicht. Ein 25 Meter hoher Baumwipfelpfad bietet schöne Sicht auf Baumkronen und Wasserspeicher.

8 National Orchid Garden

Die Anlage, auf der mehr als 1000 Orchideenarten gedeihen, gilt als Glanzstück der Singapore Botanic Gardens. Das schöne Areal bietet Lebensräume für jede Art Orchidee und Bromelie. Im Kalthaus kann man sich von der Hitze der Stadt erholen *(siehe S. 24)*.

Blüten im National Orchid Garden

9 Fort Canning Park

Der Park hieß ursprünglich »Verbotener Hügel« und birgt der Sage nach das Grab von Iskandar Shah *(siehe S. 36)*. Sir Thomas Stamford Raffles baute hier sein Haus, 1859 musste das dem Militärstützpunkt Fort Canning weichen. Im Kampf um Singapur diente das Fort als britisches Hauptquartier. Raffles machte den Park zum ersten botanischen Garten der Stadt, zu Singapurs 200-Jahr-Feier 2019 kamen neue Gärten dazu *(siehe S. 90f)*.

10 Mount Imbiah Nature Trail

Karte S3 ■ Sentosa

Wegen der Kürze und der guten Beschaffenheit der Wege ist der Waldspaziergang auch etwas für ungeübte Wanderer und für Kinder – wenn auch nicht für Kinderwagen oder Rollstühle.

TOP 10 Wellness

1 Willow Stream Spa

Karte M1 ■ Fairmont Singapore, 80 Bras Basah Rd ■ +65 6431-5600 ■ tägl. 7–21 Uhr ■ www.fairmont.com/singapore/spa/willow-stream-spa-singapore

Das in Erdtönen gehaltene Spa bietet Luxus für den ganzen Körper bei sanften Klängen. Zur Wahl stehen Verwöhnprogramme wie die »Jetsetter Recovery Massage«, bei der auf ein wohltuendes Eukalyptus-Fußbad diverse vitalisierende Massagen mit ätherischen Ölen folgen.

Pool des Sofitel SPA

2 Sofitel SPA

Karte S3 ■ Sofitel Resort, 2 Bukit Manis Rd, Sentosa ■ +65 6708-8358 ■ tägl. 10–21 Uhr ■ www.sofitel-singapore-sentosa.com

In einer 6000 Quadratmeter großen denkmalgeschützten Anlage im Herzen von Sentosa warten 14 Behandlungsräume und sechs Pavillons im Außenbereich. Aus dem großen Angebot kann jeder Gast sein individuelles Programm zusammenstellen.

3 The Face Place

Karte L3 ■ #12-83 Clarke Quay Central, 8 Eu Tong Sen St ■ +65 8233-1723 ■ tägl. 9–21 Uhr ■ www.thefaceplacesg.com

Das aufs Gesicht spezialisierte Spa mit Flussblick bietet neben Hautanalysen und porentiefer Reinigung auch Massagen mit *Gua-Sha-* und *Bojin-*Techniken, um die Gesichtsmuskeln zu stimulieren.

4 Banyan Tree Spa

Karte N4 ■ Marina Bay Sands, Tower 1, Level 55, 10 Bayfront Ave ■ +65 6688-8825 ■ tägl. 10–23 Uhr (Fr & Sa bis 1 Uhr) ■ www.banyantreespa.com

Eines der vornehmsten Spas in Singapur bietet zum fantastischen Blick aufs Zentrum traditionelle asiatische und individuelle Massagen sowie besondere Anwendungen wie »Royal Banyan«, bei der Gurken die Haut reinigen und ein Kräuterbad den ganzen Körper entspannt.

5 Damai Spa

Karte B3 ■ Grand Hyatt Singapore, 10 Scotts Rd ■ +65 6416-7156 ■ tägl. 10–22 Uhr ■ www.hyatt.com

Die Orchidee Vanda Miss Joaquim, Nationalblume Singapurs, ist Basis der Essenzen, die das Spa im neuen Wellnessflügel des Grand Hyatt zum Einsatz bringt.

6 Spa Esprit

Karte S3 ■ #03-19 Wheelock Place, 501 Orchard Rd ■ +65 6479-0070 ■ tägl. 10–21 Uhr ■ www.spa-esprit.com

Nach einem langen Flug sorgt die hier gebotene Massage mit heißen Steinen für Erholung. Der Masseur lockert durch Auflegen der Steine

Farbe für die Nägel im Spa Esprit

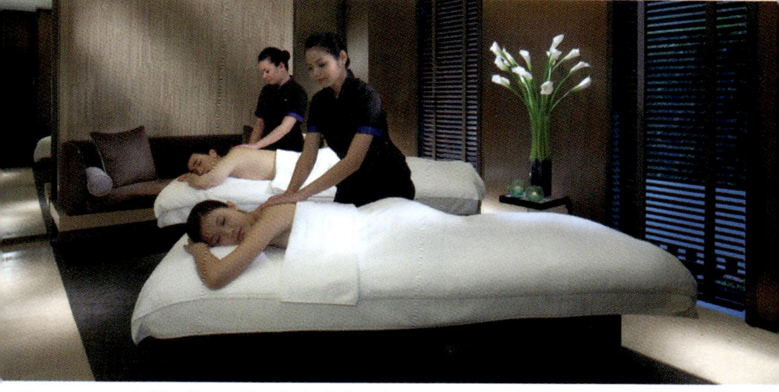

Paarmassage in The Spa at Mandarin Oriental

das Muskelgewebe und beseitigt mit tiefen Handstrichen Verspannungen. Nach der Behandlung kann man in der hauseigenen Bar noch zu einem Drink einkehren.

7 Ikeda Spa

Karte S2 ■ 787 Bukit Timah Rd ■ +65 6469-8080 ■ tägl. 13.30–22.30 Uhr ■ www.ikedaspa.com

Das japanische Spa erinnert an ein traditionelles *Ryokan*-Badehaus – allerdings in sehr luxuriösem Stil. Es gibt ein Gemeinschaftsbad mit besonders mineralreichem Wasser und eine breite Palette an Massagen und anderen Spa-Anwendungen.

8 Auriga Spa

Karte S3 ■ Capella Singapore, 1 The Knolls, Sentosa ■ +65 6377-8888 ■ tägl. 9–21 Uhr ■ www.capellahotels.com/en/capella-singapore/wellness

Sich inmitten von üppigem Grün verwöhnen zu lassen, ist das perfekte Urlaubserlebnis. Das luxuriöse Spa bietet einen vitalisierenden Pool, ein Kräuterdampfbad und neun Behandlungsräume mit eigenen Gärten. Zu den regional inspirierten Behandlungen zählen auch balinesische und ayurvedische Massagen.

9 The Spa at Mandarin Oriental

Karte N2 ■ Mandarin Oriental, 5 Raffles Ave ■ +65 6885-3533 ■ tägl. 10–23 Uhr ■ www.mandarinoriental.com/en/singapore/marina-bay/spa

Diese Oase der Heilkraft, der Entspannung und der Ruhe verfügt über sechs Behandlungsräume für wirkungsvolle Anwendungen.

10 St. Gregory Spa

Karte K3 ■ Parkroyal Collection Pickering, 3 Upper Pickering St ■ +65 6809-8870 ■ tägl. 10.30–20 Uhr (Fr & Sa bis 22 Uhr) ■ www.panpacific.com

Auf der »Wellness-Etage« des Parkroyal bietet dieses preisgekrönte Spa eine große Auswahl wohltuender Behandlungen wie etwa chinesische *Tui-Na*-Massagen.

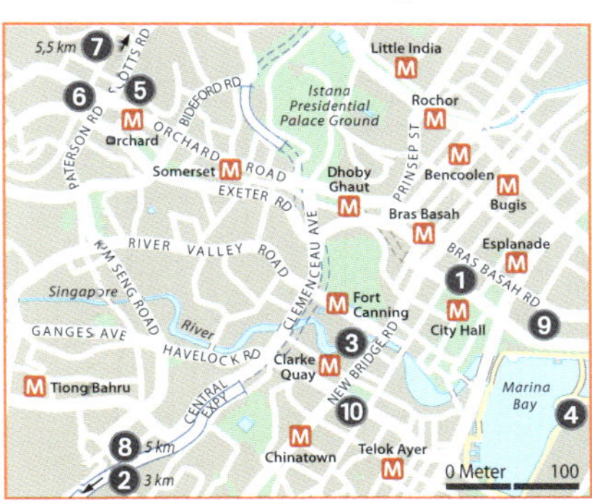

TOP 10 Unbekanntes Singapur

1 »Black-and-White«-Bungalows

In ganz Singapur finden sich diese vom späten 19. Jahrhundert bis in die 1930er Jahre gebauten schwarzweißen Häuser mit großen Gärten. In Queenstown lockt z. B. Wessex Estate mit Art-déco-Bungalows, Künstlergemeinde und dem nostalgischen Colbar Café in einer alten Militärkantine. Im nahen Alexandra Park sind weitere Villen zu sehen.

2 Kallang River Basin

Karte T3 ■ Singapore Sports Hub: www.sportshub.com.sg

Der Kallang River, Singapurs längster Fluss, mündet in dieses Becken, das Wassersportler aller Art anzieht. Besonders beliebt sind Kajakfahren und Drachenbootrennen. Am Ostufer liegt das moderne Sportzentrum Singapore Sports Hub samt Nationalstadion, Museum und diversen Speiselokalen. Spazieren Sie vom Singapore Flyer die palmengesäumte Marina Promenade entlang zum Kallang Riverside Park.

3 Bollywood Farms

Karte R1 ■ 100 Neo Tiew Rd ■ +65 6898-5001 ■ www.bollywoodfarms.com

Ländliches Flair ist auf diesem Bio-Bauernhof in Kranji zu genießen. Die Besitzer Ivy Lim-Singh und Lim Ho Seng organisieren Touren über ihren Hof und diverse Aktivitäten. Ein Bistro serviert Gerichte aus eigenen Farmerzeugnissen, der Hofladen führt Bio-Früchte wie Kedongdong (Goldpflaumen) und mehr.

4 St John's, Lazarus & Kusu Island

Singapore Island Cruise: www.islandcruise.com.sg

Packen Sie ein Picknick ein und besuchen Sie die drei kleinen Inseln im Süden, wo weiße Sandstrände, Wanderwege, ein Schildkrötenschutzgebiet, ein belebter chinesischer Tempel und einige malaiische

Pier auf Kusu Island

Schreine warten. An Werktagen ist es hier schön ruhig. Fähren verkehren mindestens viermal täglich; erster Halt ist St John's Island, das ein Damm mit Lazarus Island verbindet.

5 Changi Point Coastal Walk

Karte V1

Wer von Changi Point *(siehe S. 104)* den Küstenweg nach Osten geht, wähnt sich leicht auf einer kleinen verschlafenen Insel. Der Blick reicht übers Meer bis Pulau Ubin und Malaysia – besonders schön bei Sonnenuntergang. Die Promenade ist abends hübsch beleuchtet. Im nahen Changi Village kann man gut essen.

6 Everton Road

Karte J5

Rund um die reizvolle Straße stößt man auf Musterbeispiele für bunte Peranakan-Reihenhäuser. Einige Mauern zieren nostalgische Wandbilder des hiesigen Künstlers Yip Yew Chong. Hohen Anklang finden auch die Cafés der Gegend.

Kunsthandwerksmarkt

7 Trödel-, Floh- & Kunsthandwerksmärkte

Invade: www.invade.co

Singapur mag ja berühmt sein für seine edlen Boutiquen und schicken Luxusmalls, doch auch Märkte sind hier sehr beliebt. Es gibt eine ganze Menge davon und sie bieten eine unfassbare Auswahl an heimischem Kunsthandwerk, Schmuck, Vintage-Mode und vieles mehr. Invade organisiert solche Märkte regelmäßig an vielen Orten der Stadt.

National University of Singapore

8 National University of Singapore & Museen

Karte S3 ■ 21 Lower Kent Ridge Rd

Auf dem Campus locken zwei Museen: Das NUS Museum *(siehe S. 54)* zeigt gut 8000 asiatische Artefakte und Kunstwerke sowie wechselnde Archäologie- und Kunstausstellungen. Im Lee Kong Chian Natural History Museum *(siehe S. 40)* ist etwas über Singapurs Tier- und Pflanzenwelt zu erfahren. Manche Exponate sind interaktiv, doch man setzt hier vor allem auf gute alte Holzschaukästen – auch ein Kuriositätenkabinett darf da nicht fehlen.

9 Coney Island Park

Karte U1 ■ tägl. 7–19 Uhr ■ www.nparks.gov.sg

Die unverbaute, von Kasuarinen bewachsene Insel im Norden Singapurs ist über zwei Brücken mit dem Festland verbunden. Der 2015 eröffnete Park bietet Wanderwege und Mountainbikestrecken, kleine Buchten und einen Mangrovenpfad.

10 Punggol Waterway Park

Karte U1 ■ www.nparks.gov.sg

Die Vorstadt Punggol dominieren glänzende Hochhäuser, es gibt hier aber einen schönen Park mit Promenade am Kanal. Viel Natur, kleine Brücken, Rastbereiche und Schutzzonen sorgen für Atmosphäre.

TOP 10 Kinder

Wasserrutschen, Wild Wild Wet

1 Wild Wild Wet

Karte U2 ■ 1 Pasir Ris Close ■ +65 6581-9128 ■ Mi–Mo 12–18 Uhr (Sa & So ab 11 Uhr) ■ Eintritt ■ www.wildwildwet.com

Wasserrutschen, Labyrinthe und der Royal Flush – Asiens erste Hybrid-Wasserfahrt – sorgen für Spaß.

2 Universal Studios Singapore®

Karte S3 ■ 8 Sentosa Gateway ■ +65 6577-8888 ■ tägl. 10–19 Uhr ■ Eintritt ■ www.rwsentosa.com

Der Themenpark, Sentosas größte Attraktion, bietet rasante Fahrgeschäfte, Filmsets und mehr.

3 Far East Organization Children's Garden

Karte T3 ■ Gardens by the Bay ■ Do–So 9–19 Uhr ■ Eintritt frei ■ www.gardensbythebay.com.sg

Kinder bis zwölf lieben den Freizeitpark in den Gardens by the Bay, wo interaktiver Wasserspaß, ein Hindernispfad, Baumhäuser und vieles mehr locken. Für die ganz Kleinen gibt es einen eigenen Spielplatz und auch ein Café ist vor Ort.

4 Science Centre Singapore

Karte R2 ■ 15 Science Centre Rd ■ +65 6425-2500 ■ tägl. 10–18 Uhr; Observatorium: Fr 7–22 Uhr ■ Eintritt ■ www.science.edu.sg

Die weitgehend interaktiven Exponate des großartigen Museums führen Kinder an Wissenschaften wie Optik und Robotik, aber auch an Themen wie Klimawandel oder das Älterwerden heran.

5 Singapore Discovery Centre

Karte Q2 ■ 510 Upper Jurong Rd ■ +65 6792-6188 ■ tägl. 12–19 Uhr (Sa & So 11–20 Uhr) ■ Eintritt ■ www.sdc.com.sg

Das Museum im Westen Singapurs bietet eine Vielzahl interaktiver Exponate, Augmented-Reality-Spiele und Aktivitäten, mit denen man in Singapurs Vergangenheit, Gegenwart und Zukunft eintauchen kann.

Schneemann in Snow City

6 Snow City

Karte R2 ■ 21 Jurong Town Hall Rd ■ +65 6560-2306 ■ tägl. 10–18 Uhr ■ Eintritt ■ www.snowcity.com.sg

Snow City bringt die Arktis in die Tropen – mit Iglus, Minusgraden und simuliertem Schneefall. Kinder freuen sich hier über Autoscooter und eine Kletterwand. Warme Mäntel und Stiefel sind bereitgestellt.

7 Jurong Bird Park

In dem riesigen Vogelpark durchzieht eine Hängebrücke das Waterfall Aviary mit dem größten künstlichen Wasserfall der Welt *(siehe S. 101)*.

8 Adventure Cove Waterpark

Karte S3 ▪ 8 Sentosa Gateway ▪ +65 6577-8888 ▪ tägl. 10–18 Uhr ▪ Eintritt ▪ www.rwsentosa.com

Rasante Wasserrutschen, Schnorcheln an tropischen Riffen und im Schwimmring den Adventure River hinab – das sind nur ein paar der Attraktionen dieses Wasserparks.

9 SuperPark

Karte N1 ▪ #02-477 Suntec City Mall, 3 Temasek Blvd ▪ +65 6239-5360 ▪ tägl. 10.30–20 Uhr (Sa & So 9–21 Uhr) ▪ Eintritt ▪ www.superpark.com.sg

Mit Tretauto-Rennstrecken, Kletterwänden, Trampolinen und verschiedenen Hindernisparcours bietet der große Indoor-Spielplatz Spaß für jedes Alter.

10 S.E.A. Aquarium

Karte S3 ▪ 8 Sentosa Gateway ▪ +65 6577-8888 ▪ tägl. 10–18 Uhr ▪ Eintritt ▪ www.rwsentosa.com

Mit neun Zonen, in denen man Meerestieren begegnen kann, zieht das Aquarium Besucher in seinen Bann.

Bunte Meereswelt im S.E.A. Aquarium

Sportarten

Wakeboarden in Singapur

1 Wakeboarden
Karte U2 ▪ 1206A East Coast Parkway ▪ +65 6636-4266
Im Singapore Wake Park geht es am Seil rasant durchs Wasser.

2 Kanufahren
Kajaks und Kanus sind auf Sentosa und im East Coast Park *(siehe S. 47)* zu mieten.

3 Golf
Karte T3 ▪ 80 Rhu Cross ▪ +65 6345-7788
Die 18 Löcher des Marina Bay Golf Course können auch Gäste bespielen.

4 Windsurfen
Karte T3 ▪ 1212 East Coast Parkway ▪ +65 6241-9212
Aloha Sea Sports im East Coast Park bietet Kurse und das nötige Equipment.

5 Segeln
Karte U2 ▪ 1500 East Coast Parkway ▪ +65 6444-4555
Die Singapore Sailing Federation veranstaltet Kurse für jedes Alter.

6 Schwimmen
Karte T2 ▪ 100 Tyrwhitt Rd ▪ +65 6293-9058
Zentralstes Sportschwimmbad ist der Jalan Besar Swimming Complex.

7 Wandern
In den Naturreservaten Bukit Timah *(siehe S. 102f)* und MacRitchie *(siehe S. 47)* wandert man durch Regenwald.

8 Radfahren
Leihräder gibt's im East Coast Park *(siehe S. 47)*, auf Sentosa *(siehe S. 32f)* und auf Pulau Ubin *(siehe S. 103)*.

9 Rollerbladen
Der East Coast Park ist perfekt zum Rollschuhfahren und bietet einige Verleiher.

10 Beachvolleyball
Am Siloso Beach *(siehe S. 33)* gibt es vier Plätze, die allerdings recht begehrt sind.

TOP 10 Kunst & Kultur

Ausstellung im NUS Museum

1 NUS Museum

Karte S3 ■ National University of Singapore, 50 Kent Ridge Cres ■ +65 6516-8817 ■ Di–Sa 10–18 Uhr ■ Eintritt frei ■ www.museum.nus.edu.sg

Das Universitätsmuseum präsentiert südostasiatische und chinesische Kunstwerke von Pinselzeichnungen bis zu Porzellan. Wechselausstellungen widmen sich moderner Kunst, z. B. den Skulpturen und Keramiken des Singapurers Ng Eng Teng.

2 Singapore Art Museum

Karte M1 ■ 71 Bras Basah Rd ■ +65 6697-9730 ■ voraussichtl. bis 2026 wegen Renovierung geschl. ■ www.singaporeartmuseum.sg

Das SAM, bekannt für seine Sammlungen lokaler und südostasiatischer Kunst, gibt es schon länger als die berühmte Nationalgalerie. Solange das Hauptgebäude renoviert wird, finden Ausstellungen an Partnerstandorten statt.

3 STPI Creative Workshop & Gallery

Karte J2 ■ 41 Robertson Quay ■ +65 6336-3663 ■ Mo–Sa 10–19 Uhr, So 11–17 Uhr ■ www.stpi.com.sg

Das Singapore Tyler Print Institute arbeitet seit 2002 mit internationalen Künstlern, um Drucke auf Papier anzufertigen sowie technische und kreative Aspekte bei Druck und Papierherstellung zu untersuchen. Sitz ist ein Lagerhaus aus dem 19. Jahrhundert, in dem gearbeitet, ausgestellt und auch verkauft wird.

4 Gillman Barracks

Karte S3 ■ 9 Lock Rd ■ Mo geschl. ■ www.gillmanbarracks.com

In den alten, 1936 erbauten britischen Militärbaracken stellen eine Handvoll Galerien moderne Werke südostasiatischer und internationaler Künstler aus. Weitere moderne Kunst ist im NTU Centre for Contemporary Art zu sehen.

5 Esplanade – Theatres on the Bay

Der Bau ist ein Wahrzeichen Singapurs. Als Zentrum für darstellende Kunst präsentiert es auf zwei Bühnen – Concert Hall und Theatre – Aufführungen heimischer und internationaler Musik-, Theater- und Tanzensembles. Die Freilichtbühne des Zentrums liegt direkt an der Marina Bay *(siehe S. 42)*.

Esplanade – Theatres on the Bay

8 National Gallery Singapore

City Hall und Supreme Court *(siehe S. 42f)* sind Kulisse für die großartige Sammlung des Kunstmuseums. Im alten Rathaus finden sich Werke aus Singapur und Malaya, im Gerichtsgebäude widmet man sich anderen Regionen Südostasiens. Es gibt Führungen, Workshops und mehr *(siehe S. 40)*.

6 KC Arts Centre

Karte J2 ■ 20 Merbau Rd ■ +65 6221-5585 ■ www.srt.com.sg

Das Haus ist Sitz des preisgekrönten Singapore Repertory Theatre, das zu den führenden englischsprachigen Theatern im asiatischen Raum zählt. The Little Company bietet hier Theater für Kinder. Rund um das Veranstaltungszentrum liegen viele Restaurants und Clubs.

Supreme Court Terrace, National Gallery

7 The Arts House

Karte M3 ■ 1 Old Parliament Ln ■ +65 6332-6900 ■ Eintritt ■ www.theartshouse.sg

In den Sitzungssälen des Old Parliament House *(siehe S. 42)* finden nun Tanz- und Musikaufführungen, Lesungen, Vorträge, Filmvorführungen und andere Veranstaltungen statt. Die originalen Holzböden und Stuckverzierungen der historischen Säle sorgen für besonderes Flair. Es gibt hier auch ein Restaurant.

9 The Substation

Karte L1 ■ 45 Armenian St ■ +65 6337-7535 ■ www.substation.org

Singapurs ältestes Zentrum für Independent-Kunst birgt ein Black-Box-Theater, eine Galerie und weitere Veranstaltungsräume. Das Programm reicht von Konzerten bis zu Filmfestivals.

10 Victoria Theatre & Concert Hall

Das Konzerthaus ist Heimat des Singapore Symphony Orchestra, präsentiert aber auch Gastkünstler. Es lebt weniger von der Akustik als vom unvergleichlichen Ambiente des schönen Baus *(siehe S. 89)*.

TOP 10 Bars & Lounges

CÉ LA VI SkyBar mit weitem Blick über die Lichter der Stadt

1 CÉ LA VI SkyBar

Karte N4 ■ SkyPark, Marina Bay Sands, 1 Bayfront Ave ■ +65 6508-2188 ■ tägl. 12 Uhr – spätnachts

Die Bar auf dem Dach des Marina Bay Sands muss man einfach gesehen haben – allein wegen der Lage. Neben der Freiluftbar gibt es hier auch ein Restaurant mit moderner asiatischer Küche und einen Club.

2 Atlas Bar

Karte G5 ■ Parkview Square, 600 North Bridge Rd ■ +65 6396-4466 ■ Mo – Do 10 – 1 Uhr, Fr & Sa 12 – 2 Uhr

Eine der opulentesten Bars Singapurs ist im Stil der 1920er Jahre eingerichtet. Ein großer Schrank beherbergt die Sammlung seltener Gins und Champagner. Tagsüber kann man hier zwanglos Kaffee oder Cocktails genießen, nach 17 Uhr gilt ein lässig-eleganter Dresscode.

3 Little Island Brewing Co.

Karte V1 ■ 6 Changi Village Rd #01-01 ■ +65 6543-9100 ■ tägl. 12 – 23 Uhr (Sa & So bis 24 Uhr)

Die Mikrobrauerei im Changi Village lockt mit entspannter Atmosphäre und einer wechselnden Auswahl guter hauseigener Biere. An Tischen im Freien kann man dazu die Sterne und die Meeresbrise genießen.

4 No. 5, Emerald Hill

Karte C5 ■ 5 Emerald Hill ■ +65 6732-0818 ■ tägl. 12 – 2 Uhr (Fr & Sa bis 3 Uhr)

Die Bar liegt nahe der Orchard Road in einem Peranakan-Shophouse von 1910. Lage, Ambiente und Cocktails locken abends vor allem ausländische Einwohner an. Tagsüber ist es ruhig genug, um die chinesischen Teakschnitzereien und die Opiumbetten zu bestaunen.

5 Acid Bar

Karte C5 ■ Peranakan Place, 180 Orchard Rd ■ +65 6732-6966 ■ tägl. 17 – 1 Uhr (Fr & Sa bis 2 Uhr)

Wegen der zentralen Lage strömen immer ganze Scharen zu den hier gebotenen Konzerten. Die Tanzfläche ist bis frühmorgens gut gefüllt. An Werktagen ist es deutlich ruhiger, dann gibt es auch Happy Hours.

Cocktail in der Acid Bar

6 Smoke & Mirrors

Karte M2 ■ #06-01 National Gallery, 1 St Andrew's Rd ■ +65 9380-6313 ■ Mo – Mi 18 – 24 Uhr, Do – Sa 18 – 1 Uhr, So 17 – 24 Uhr

Die schöne Bar bietet zum herrlichen Blick auf den Padang – mit Marina Bay Sands, Esplanade und Singapore Flyer im Hintergrund – eine große Auswahl an leckeren Cocktails und Snacks.

7 Alleybar

Karte C5 ■ 2 Emerald Hill Rd ■ +65 6738-8818 ■ tägl. 17–2 Uhr

Zwischen zwei schönen historischen Peranakan-Häusern liegt diese elegante Cocktailbar, deren innovative Drinks von den Inselaromen, aber auch von der Geschichte Singapurs inspiriert sind.

8 Mama Diam

Karte F5 ■ 38 Prinsep St #01-01 ■ +65 8533-0792 ■ tägl. 16–23.30 Uhr

Um in die Bar zu gelangen, muss man ganz nach Speakeasy-Art das Zeitungsregal des kleinen »Mama Shop« beiseiteschieben. Der Außenbereich ist mit altem Krimskrams dekoriert, die Atmosphäre angenehm unaufgeregt. Die Cocktailkarte zeigt südostasiatische Einflüsse.

Theke bei Harry's

9 Harry's, Boat Quay

Karte L3 ■ 28 Boat Quay ■ +65 8268-8243 ■ tägl. 12–1 Uhr (Fr & Sa bis 2 Uhr)

Die Nähe zum Finanzdistrikt macht die Bar bei Geschäftsleuten beliebt, aber auch Besucher nehmen hier gern einen Drink am Fluss.

10 MO Bar

Karte N2 ■ Mandarin Oriental, 5 Raffles Ave ■ +65 6885-3500 ■ tägl. 15–24 Uhr (Fr & Sa bis 1 Uhr)

In der Hotelbar im vierten Stock blickt man aus raumhohen Fenstern auf die Marina Bay – der perfekte Ort, um bei hervorragenden Drinks und Snacks die funkelnden Lichter der Stadt zu beobachten.

Lieblingsgetränke in Singapur

1 Kopi
Für die hiesige Kaffeespezialität werden Robusta-Bohnen vor dem Mahlen mit Butter im Wok geröstet. Frisch gebrüht entfaltet sich dann der ausgeprägte erdige Geschmack.

2 Lime Juice
Der erfrischende Saft aus südostasiatischen Calamansi-Limetten ist das perfekte Getränk für heiße Tage.

3 Teh Tarik
Tarik ist malaiisch für »ziehen«: Um dem milchigen Tee seine Schaumkrone zu verleihen, wird er mit viel Aufheben immer wieder zwischen zwei Tassen hin- und hergegossen und der Strahl dabei in die Länge »gezogen«.

4 Milo Dinosaur
Kinder und andere Schleckermäuler lieben das süße Schokoladengetränk, das eiskalt und mit einer Extraportion Milo-Schokoladenpulver gekrönt sein sollte.

5 Bandung
Dieser duftende, mit Kondensmilch und Rosensirup versetzte Durstlöscher zeichnet sich durch einen unverwechselbaren rosaroten Farbton aus.

6 Chin Chow
Nicht nur der Geschmack des kühlenden Getränks ist gewöhnungsbedürftig, auch der Anblick: Es enthält »Würmer« aus Grasgelee. Chin Chow soll aber Fieber und hohen Blutdruck senken können.

7 Bubble Tea
Vor allem junge Singapurer sind verückt nach diesem taiwanesischen Getränk. Es heißt, die zähen Tapioka-Perlen in dem süßen Tee machen süchtig.

8 Sugarcane Juice
Zuckerrohrsaft sollte man schon deshalb bestellen, um zusehen zu können, wie Getränkeverkäufer die langen Stangen durch die handbetriebene Saftpresse drücken.

9 Barley Water
Dem traditionellen chinesischen Getränk wird nachgesagt, es kühle das »innere Feuer«. Gemacht wird es aus gekochter Gerstengrütze, für die Süße sorgen Kandiszucker oder kandierte Wintermelone.

10 Singapore Sling
Der fruchtige Cocktail mit Gin wurde 1915 in der Long Bar des ehrwürdigen Raffles Hotel erfunden *(siehe S. 31)*.

TOP 10 Restaurants

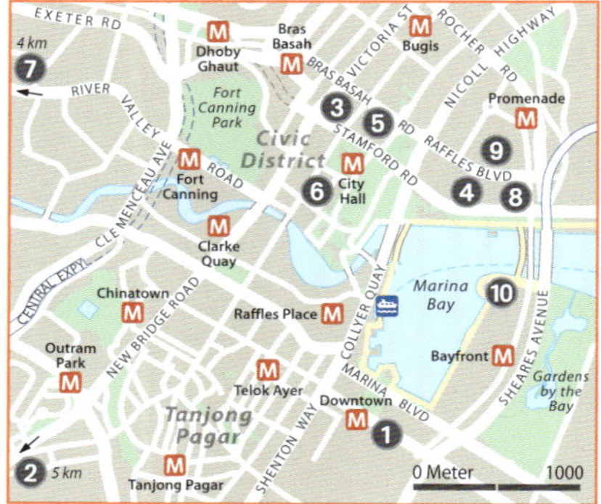

1 Majestic Restaurant

In dem eleganten Restaurant im Herzen des Finanzdistrikts an der Marina Bay werden seit 2006 besonders schön angerichtete Köstlichkeiten der kantonesischen Küche serviert. Zu den Spezialitäten, die der preisgekrönte Küchenchef Yong Bing Ngen mit seinem Team kreiert, zählen Honiglammrippchen und Nudeln mit Hummer *(siehe S. 93)*.

2 TungLok Heen

Das Restaurant begeistert alle, die traditionelle chinesische Küche schätzen. Die Speisekarte bietet eine Auswahl an großartigen Chaozhou-Gerichten, feurige Speisen aus der Provinz Hunan und wundervolle Kreationen des gefeierten Küchenchefs Susur Lee, z. B. die gebratene irische Ente. Das Ambiente mit Akzenten aus edlem Holz rundet den Genuss ab *(siehe S. 105)*.

3 Whitegrass

Karte M1 ■ #01-26 CHIJMES, 30 Victoria St ■ +65 6837-0402 ■ Di–Sa 12–14.30 & 18–22.30 Uhr ■ www.whitegrass.com.sg ■ $$$

Küchenchef Takuya Yamashita serviert in seinem Sternerestaurant im CHIJMES-Komplex *(siehe S. 43)* klassische französische Küche mit japanischem Touch. Die raffinierten Menüs aus saisonalen Zutaten werden kunstvoll präsentiert und sehen so wunderbar aus, wie sie schmecken.

4 Morton's The Steakhouse

Eifrige Kellner tischen hier riesige Platten mit Rindfleischstücken oder Gemüse auf, aber auch Meeresfrüchte wie herrlich frischer Hummer, Austern und Shrimps sind zu haben. Versuchen Sie das erstklassige Rib-eye-Steak nach Chicagoer Art oder Maine-Hummer-Cocktail. Zum hervorragenden Essen genießt man hier schönes modernes Interieur und freundliches Dekor *(siehe S. 93)*.

5 Mikuni

Die japanische Küche – traditionell mit moderner Note – umfasst auch Robatayaki-, Teppanyaki- und Sushi-Theken – eine jede besetzt mit eigenem Küchenchef. Beim Bereiten eines multisensorischen Speiseerlebnisses stehen japanische Zutaten der Saison im Fokus. Geboten sind Mittags- und Dinnermenüs sowie ausgewählte Biere und Weine. Reservieren ist empfohlen *(siehe S. 93)*.

Sushi-Theke bei Mikuni

Summer Pavilion im Ritz-Carlton

6 National Kitchen by Violet Oon

Das gefeierte Restaurant erfreut sich einer tollen Lage in der National Gallery. Die Auswahl an klassischen Landesgerichten umfasst Peranakan-Küche, Streetfood sowie chinesische, malaiische und indische Traditionen – zubereitet von einem der erfahrensten Köche des Landes *(siehe S. 93)*.

7 Candlenut

Das erste sternengekrönte Peranakan-Restaurant der Welt verfolgt für seine Straits-chinesische Küche einen modernen und zugleich traditionellen Ansatz. Zu den köstlichen Kreationen von Küchenchef Malcolm Lee zählen z. B. knusprige *kueh pie tee* (Teigtaschen) mit Pazifischer Schwimmkrabbe oder Kurkuma-Curry *(siehe S. 105)*.

***Kueh pie tee* im Candlenut**

8 Summer Pavilion

Das eleganteste Restaurant in Singapurs Ritz-Carlton ist sternengekrönt und serviert in schönem Gartenambiente erstklassige kantonesische Gerichte. Besonders beliebt sind Dim Sum und Hummernudeln. Mittags geht der Besuch nicht ganz so aufs Budget – die Festpreismenüs sind erschwinglich. Toll ist auch die Auswahl an Tees *(siehe S. 93)*.

9 Rang Mahal

Schon seit 1971 bietet dieses Restaurant exquisite Speisen nach Rezepten aus Nord- und Südindien sowie aus den indischen Küstenregionen. Dazu gibt es eine große Auswahl edler Weine. Sonntagmittags bietet das Lokal ein Gourmetbüfett mit diversen Cooking-Stationen und einer tollen Auswahl an Desserts *(siehe S. 93)*.

10 CUT

Wolfgang Pucks erstes Restaurant in Asien verleiht klassischen Steakhouse-Gerichten zeitgemäßen Touch. Das moderne, vom preisgekrönten Designer Tony Chi gestaltete Interieur ergänzt die wunderbare Küche des Sternerestaurants. Gäste können sich auf perfekt zubereitete Steaks, einen erstklassig bestückten Weinkeller, eine gute Auswahl an Cocktails und tadellosen Service freuen *(siehe S. 93)*.

TOP 10 Hawker Center & Food Courts

Stand im Maxwell Food Centre

1 Maxwell Food Centre

Karte K5 ■ Ecke South Bridge Road & Maxwell Road ■ tägl. 8–2 Uhr

Das sehr beliebte Hawker Center in Chinatown bietet eine breite Palette chinesischer Leibspeisen – in der Regel mit Reis. Den Hainan Chicken Rice am Stand von Tian Tian sollte man unbedingt probieren.

2 East Coast Lagoon Food Village

Karte U2 ■ 1220 East Coast Park Service Rd ■ tägl. 11–23 Uhr

Die Meeresbrise sorgt in dem ufernahen Hawker Center für Kühle. Tolle gegrillte Meeresfrüchte gibt es bei Leng Heng, Austernomeletts bei Song Kee und leckeres Satay bei Haron 55.

3 Tiong Bahru Food Centre

Karte T3 ■ 83 Seng Poh Rd, Tiong Bahru ■ tägl. 6–23 Uhr

Im hippen Tiong Bahru *(siehe S. 104)* gibt es ein beliebtes Hawker Center mit über 80 Ständen. Den Schwerpunkt bildet chinesische Kost – probieren Sie Hainan Chicken Rice, Roast Pork oder Fishball Noodles.

4 Newton Food Centre

Karte C2 ■ 500 Clemenceau Ave North ■ tägl. 12–2 Uhr

Den Freiluftmarkt alter Schule gibt es schon seit den 1970er Jahren und er zieht viele Touristen an – daher ist das Essen hier auch teurer als anderswo. Meeresfrüchte werden nach Gewicht verkauft. Die meisten Stände öffnen erst gegen Abend.

5 Satay by the Bay

Karte P4 ■ 18 Marina Gardens Drive ■ tägl. 11–22 Uhr

Die Handvoll Satay-Stände in einer ruhigen Ecke der Gardens by the Bay *(siehe S. 28f)* sind ein Renner. Besonders beliebt ist Boon Tat Barbecue Seafood.

6 Tekka Centre

Karte F3 ■ 665 Buffalo Rd ■ tägl. 8–23 Uhr

Wer indische Kost wie scharfe gebratene Nudeln, Fish Head Curry

East Coast Lagoon Food Village

oder *rojak* (Salat mit frischen oder getrockneten Früchten und Chilisauce) mag, ist im beliebten Hawker Center des Tekka Market *(siehe S. 84)* goldrichtig.

7 Food Republic

Suntec City: Karte N2; 3E Temasek Blvd ■ Wisma Atria: Karte B4; 435 Orchard Rd ■ VivoCity: Karte S3

Die Kette hat ihre Edelversionen traditioneller Hawker Center in mehreren Malls. Der Food Court in VivoCity *(siehe S. 62)* zeigt sich im Look eines alten Dorfs.

Lau Pa Sat Festival Market

8 Lau Pa Sat Festival Market

Karte M4 ■ 18 Raffles Quay ■ tägl. 11–3 Uhr

Viktorianische Architektur mit viel Gusseisen prägt das Hawker Center im Herzen des Financial District, wo mittags immer viel los ist. Abends lohnen die Satay-Stände vor der Halle einen Besuch.

9 Chinatown Complex

Karte K4 ■ 335 Smith St ■ tägl. 11–23 Uhr

Das Food Center der Mall ist für gute chinesische Kost bekannt. Ob Claypot Rice, Dumplings oder saftiger Karottenkuchen – alles ist lecker.

10 Makansutra Glutton's Bay

Karte N2 ■ 8 Raffles Ave ■ tägl. 18–3 Uhr

Dieses beliebte Hawker Center am Ufer bietet bis spätnachts leckeres Essen wie gebratene Nudeln oder Hähnchenflügel und kaltes Bier.

Spezialitäten

Hühnchen-Satay mit Erdnusssauce

1 Satay
Eine süße Erdnuss-Chili-Sauce krönt die kleinen Grillspieße mit Rind-, Hühner- oder Hammelfleisch.

2 Kaya Toast
Toast mit süßem Aufstrich aus Kokosmilch und Ei wird zum Frühstück oder zwischendurch gegessen.

3 Chili Crab
Zu den Krebsen – am Stück – in scharfer süßsaurer Sauce gibt es Brötchen zum Eintunken.

4 Fish Head Curry
Ganze Fischköpfe werden in würzigem Curry geschmort – es heißt, die Bäckchen schmecken am besten.

5 Banana Leaf Rice
Das südindische Gericht aus verschiedenen Gemüsecurrys, Reis und Würzsauce wird auf einem Bananenblatt serviert.

6 Nasi Padang
Indonesische oder malaiische Gargerichte wie Assam Fish Curry (mit Tamarinde) oder *rendang* aus Rind isst man mit Reis.

7 Laksa
Reisnudeln, Krabben und Fischküchlein in kräftiger Suppe aus Kokosnusscurry krönt man mit Chili und Laksablatt – ein einheimisches Kraut.

8 Chicken Rice
Geschmortes oder gebratenes Hühnerfleisch wird auf in Hühnerbrühe gekochtem Reis serviert.

9 Roti Prata
Indisches »flaches Brot« – mitunter mit Ei, Zwiebeln oder Käse – tunkt man in Fisch- oder Lammcurry.

10 Chendol
Grüne Glasnudeln, Kokosmilch, brauner Zucker, süße Bohnen und zerstoßenes Eis bilden das indonesische Dessert.

TOP 10 Shoppingmalls

1 VivoCity

Karte S3 ■ 1 Harbourfront Walk ■ +65 6377-6870 ■ tägl. 10–22 Uhr

Die große Shoppingmall am Ufer ist durchdacht gestaltet und angenehm luftig. Zu den Einrichtungen zählen Restaurants, Food Courts, ein Multiplex-Kino und ein Kinderspielplatz. Vom Gebäude eröffnen sich schöne Ansichten der Stadt. Von Plattformen aus kann man z. B. die Seilbahn Richtung Sentosa schweben sehen.

Plaza von Ngee Ann City

2 Ngee Ann City

Der mit Marmor verkleidete Komplex wird nach seinem Hauptpächter auch Takashimaya genannt. Neben dem japanischen Kaufhaus gibt es Filialen von Ketten wie Zara und Guess, Luxusboutiquen von Labels wie Louis Vuitton und Chanel sowie Books Kinokuniya *(siehe S. 98)*, den größten Buchladen Singapurs *(siehe S. 95)*.

3 Tanglin Shopping Centre

Karte A4 ■ 19 Tanglin Rd ■ +65 6737-0849 ■ tägl. 10–22 Uhr

Das Center – nicht zu verwechseln mit der Tanglin Mall *(siehe S. 97)* – bietet Abwechslung zu den bekannten Markenläden. Hier kann man entspannt in traditionellen Läden nach Schmuck, Antiquitäten und Kunstwerken stöbern. Es gibt eine große Auswahl asiatischer Möbelstücke, handgefertigte Teppiche und andere zierende Objekte.

The Shoppes at Marina Bay Sands

4 Plaza Singapura

Karte E5 ■ 68 Orchard Rd ■ tägl. 10–22 Uhr

Zur Eröffnung 1974 zählte die Mall zu den größten in Südostasien. Sie hat die Zeit gut überstanden und ist nach wie vor beliebt für ihr Angebot an preiswerter Kleidung, Haushaltswaren, Instrumenten und mehr. Sie birgt auch eine Filiale von Marks & Spencer und viele Restaurants.

5 Funan

Nach einer Renovierung im Jahr 2019 verfügt dieser Shoppingkomplex nun über Indoor-Radwege, einen Dachgarten, ein Multiplex-Kino und eine Reihe nobel ausgestatteter Apartments. Neben diversen Cafés und Imbisslokalen gibt es hier eine besonders große Auswahl an Elektronikläden *(siehe S. 92)*.

6 The Shoppes at Marina Bay Sands

Karte N4 ■ 10 Bayfront Ave ■ +65 6688-8868 ■ tägl. 10.30–23 Uhr (Fr & Sa bis 23.30 Uhr)

Unter den über 300 Läden der riesigen Luxusmall finden sich alle wichtigen Designer. Im Erdgeschoss fahren Sampans auf einem Kanal, am Dach lockt ein Aussichtsdeck. Für Stärkung sorgen edle Restaurants, schicke Cafés und ein Food Court.

Paragon

7 Paragon

Karte C4 ■ 290 Orchard Rd ■ +65 6738-5535 ■ tägl. 10–22 Uhr

Exklusivität ist das Motto im mondänen Erdgeschoss, wo sich europäische Designer wie Prada, Armani und Balenciaga finden. Die fünf Stockwerke darüber bieten die bekannten internationalen Labels für die Durchschnittsgesellschaft.

8 Jewel Changi Airport

Karte V2 ■ 78 Airport Blvd ■ +65 6956-9898 ■ rund um die Uhr

Der funkelnde Shopping- und Unterhaltungskomplex hat Anschluss zu drei Flughafenterminals. Herzstück ist ein Wasserfall inmitten eines terrassierten Waldes – der wohl höchste Indoor-Wasserfall der Welt.

9 Raffles City

Karte M2 ■ 252 North Bridge Rd ■ +65 6318-0238 ■ tägl. 10–22 Uhr

Der gleich mehrere Malls umfassende Shoppingkomplex verbindet die Hotels The Stamford und Fairmont Singapore mit der MRT-Station City Hall sowie mit CityLink und Marina Square. Hier gibt es neben zahllosen Boutiquen und Läden auch Lokale für jeden Geldbeutel.

10 ION Orchard

Karte B4 ■ 2 Orchard Turn ■ +65 6238-8228 ■ tägl. 10–22 Uhr

Dutzende Luxusboutiquen mit Mode und Accessoires eine Kunstgalerie und ein großer Food Court warten in dieser Mall auf Kundschaft. Die Aussichtsplattform des Hauses kostet Eintritt, bietet aber auch herrlich weiten Blick über die Stadt.

Souvenirs

1 Jade
Die beste Adresse für schönen Jadeschmuck zu guten Preisen ist Yue Hwa Chinese Emporium *(siehe S. 76)*.

2 Bakkwa
Chinesisches Trockenfleisch, gegrillt und würzig mariniert, ist in Chinatown überall zu haben.

3 Chinesischer Tee
Der Laden des reizenden Teesalons Tea Chapter *(siehe S. 75)* führt hochwertigen Tee in hübschen Blechdosen.

4 Asiatische Kunst & Antiquitäten
Schöne Stücke bekommt man z. B. im Tanglin Shopping Centre *(siehe links)* oder in Dempsey Hill *(siehe S. 104)*.

5 Laksa-Würzpaste
In fast jedem Supermarkt gibt es Gläser mit der Paste, mit der man Laksa *(siehe S. 61)* zu Hause selbst zubereiten kann.

6 Peranakan-Porzellan
Rumah Bebe: 113 East Coast Rd; +65 6247-8781; Di–So 11.30–18.30 Uhr; www.rumahbebe.com
Die Teller, Teetassen und Suppenlöffel bei Rumah Bebe zeigen florales Design.

7 Tiger Balm
Seit den 1870er Jahren hilft der Kräuterbalsam bei Erkältungen oder juckenden Stichen. Jede Apotheke führt ihn.

8 Chinesische Siegel
Personalisierte handgeschnitzte Siegelstempel aus diversen Materialien sind in vielen Läden Chinatowns zu haben.

9 Kaya
Mit Kokosnuss-Aufstrich aus dem Glas (Supermarkt) kommen Sie noch lange in den Genuss von Kaya Toast *(siehe S. 61)*.

10 Batik
In Kampong Glam findet man reichlich Sarongs, Shirts und andere Textilien mit traditionellen Batikmustern.

Batik-Sarongs

TOP 10 Kostenlose Attraktionen

Garden Rhapsody – ein Spektakel aus Licht und Klang in den Gardens by the Bay

1 Spectra Light & Water Show

Karte N4 ■ Marina Bay Sands, Event Plaza ■ tägl. 20 & 21 Uhr (Fr & Sa auch 22 Uhr) ■ www.marinabaysands.com/attractions

Jeden Abend verzaubert eine Choreografie aus Licht und Wasserfontänen, die zu Orchestermusik tanzen, die Marina Bay. Die Lightshow ist auch vom anderen Ufer aus zu sehen, doch die Wasserspiele sollte man aus der Nähe genießen.

2 Esplanade – Theatres on the Bay

Fast jedes Wochenende gibt es hier kostenlose Veranstaltungen und Aufführungen – auch auf der Freilichtbühne. »Beautiful Sunday« heißen die monatlichen Gratiskonzerte heimischer Gruppen in der Concert Hall und auch für die Ausstellungen, die Bibliothek, die Dachterrasse und die Kinderecke PIP's PLAYbox wird kein Eintritt verlangt *(siehe S. 42)*.

3 Studentenkonzerte

Karte S2 ■ Yong Siew Toh Conservatory of Music, 3 Conservatory Dr ■ +65 6516-1167 ■ www.ystmusic.nus.edu.sg

Musikstudenten der National University of Singapore geben hier und an einigen anderen Orten kostenlose Konzerte, oft zur Mittagszeit.

4 Gardens by the Bay

Tatsächlich wird hier nur für die beiden Gewächshäuser und für den OCBC Skyway Eintritt verlangt, alle anderen Attraktionen des Parks sind kostenlos. Jeden Abend um 19.45 und 20.45 Uhr versetzt die eindrucksvolle Lichtershow Garden Rhapsody im Supertree Grove die Besucher in Entzücken *(siehe S. 28f)*.

5 Gurdwaras

Die britische East India Company brachte im 19. Jahrhundert indische Sikh-Soldaten nach Singapur, die als Polizisten dienen sollten. Heute leben hier rund 13000 Sikhs. An ihren Gebetsstätten *(gurdwaras)* werden Besucher traditionell willkommen geheißen. Freiwillige Helfer geben Führungen und die Küche *(langar)* serviert einfache Speisen und Tee für alle.

6 Kunstausstellungen

Die zwölf Galerien der Gillman Barracks *(siehe S. 54)* darf man kostenlos erkunden und einmal im Monat gibt es Führungen durch die Anlage aus der Kolonialzeit, die neben Kunst auch Geschichte und kulturelles Erbe behandeln. Einige Hotels – u. a. Hilton, Pan Pacific und Marina Bay Sands – präsentieren Ausstellungen in ihren öffentlichen Bereichen.

Parkkonzerte

www.nparks.gov.sg/concertseries

In vielen Parks der Stadt kann man kostenlose Konzerte hören, am bekanntesten sind wohl jene auf der Seebühne im Botanischen Garten *(siehe S. 24f)* – u. a. vom Singapore Symphony Orchestra.

8 Haw Par Villa

Karte S3 ■ 262 Pasir Panjang Rd ■ +65 6773-0103 ■ tägl. 9–20 Uhr ■ www.hawparvilla.sg

Der Themenpark im Zeichen der chinesischen Folklore ist Werk der Familie, die für Tiger Balm *(siehe S. 63)* bekannt ist, und gratis zu besichtigen. Nur das Hell's Museum, wo in Grotten mythische Szenen dargestellt sind, kostet Eintritt.

Haw Par Villa

Hay Dairies

Karte R1 ■ 3 Lim Chu Kang Lane 4 ■ +65 6792-0931 ■ Mi–Mo 9–16 Uhr ■ www.haydairies.sg

Die kleine Ziegenfarm der Molkerei ist kostenlos zu besichtigen. Am besten kommen Sie zur Melkzeit zwischen 9 und 10.30 Uhr. Sie können die Tiere streicheln und noch weitere Höfe in Kranji besuchen – ein Bus fährt Sie herum.

10 National Library

Karte M1 ■ 100 Victoria St ■ tägl. 10–21 Uhr; feiertags geschl. ■ www.nlb.gov.sg

Der schimmernde 16-stöckige Bau ist ein preisgekröntes Beispiel für »grüne Architektur«. Die regelmäßigen Ausstellungen in Sachen Kunst und Kultur kosten keinen Eintritt.

Singapur für wenig Geld

1 Hawker Center
Hier wird man für weniger als 2 S$ satt und zahlt auch für sein Bier so wenig wie nirgendwo sonst.

2 Flussfahrten
Mit einer EZ-Link Card kostet die Fahrt mit dem »Pendler«-Bumboat nur 5 S$ *(siehe S. 108)*.

3 Mittagstisch
Viele Restaurants bieten mittags preiswerte Menüs. Auch Büfetts sind meist eine gute Option für Preisbewusste.

4 Nachtleben
Viele Bars haben Happy Hours für Bier oder zwei Getränke zum Preis von einem, in einigen Clubs gibt es Ladies' Nights.

5 Regionale Küche
In der Regel ist hiesige und andere asiatische Kost günstiger als westliche Küche.

6 Shopping
Gehen Sie ins Mustafa Centre *(siehe S. 80)* oder nutzen Sie den Great Singapore Sale *(siehe S. 67)* zum Shoppen.

7 Geführte Touren
Touren durch den Botanischen Garten oder Nationalparks wie Bukit Timah und Sungei Buloh sind gratis, man muss sich aber anmelden (www.nparks.gov.sg).

8 Kulturelle Events
Neben religiösen Festen gibt es hier viel Kunst, Livemusik und Vorträge gratis – VisitSingapore *(siehe S. 113)* informiert.

9 Singapore Pass
Mit dem HiPPO-Pass sparen Sie über 50 Prozent bei Sehenswürdigkeiten und fahren kostenlos mit Hop-on-Hop-off Bussen (www.ducktours.com.sg).

10 Hop-on-Hop-off-Busse
Die Tourbusse sind eine tolle und relativ preiswerte Art, möglichst viel von der Stadt zu sehen *(siehe S. 113)*.

Hop-on-Hop-off-Bus

 Religiöse Feste

Geschenke zum Chinesischen Neujahr

1 Chinesisches Neujahr

Jan / Feb

Singapurs wichtigster Feiertag wird je nach Mondkalender im Januar oder im Februar begangen. Die Festlichkeiten beginnen am Vorabend mit einem Essen im Familienkreis. Man besucht Freunde und verteilt dabei *hong bao*, rote Päckchen mit Geld, an die Kinder.

Chingay Parade

 2 Chingay Parade

Jan / Feb ■ Eintritt

Bei der chinesischen Neujahrsparade mit gut 10 000 Teilnehmern werden Festwagen von Musik, Tanz und Akrobatik begleitet. Neben Gruppen aus China sorgen Ensembles aus aller Welt für multikulturelles Flair.

3 Thaipusam

Jan / Feb

Die Hindus ehren ihren Gott Murugan mit einer Parade vom Sri Srinivasa Perumal Temple *(siehe S. 79)* zum Sri Thendayuthapani Temple *(siehe S. 38)*. Viele Gläubige tragen schwere *kavadis* (mit Früchten und Blumen verzierte Metallgestelle), durchstechen Zunge und Wangen mit Nadeln und treiben sich Haken in den Rücken.

4 Hungry Ghost Festival

Juli / Aug

Die Chinesen glauben, dass in der Zeit des siebten Mondes böse Geister über die Erde wandern. Um diese zu besänftigen, opfern sie Speisen, Räucherstäbchen und »Höllengeld« und führen chinesische Opern auf. Wichtige Ereignisse wie Hochzeiten oder Geschäftseröffnungen werden in der Zeit nicht angesetzt.

 5 Mid-Autumn Festival

Sep / Okt

Das Laternenfest feiert die Ernte. Man schmückt Gärten mit Lichtern und genießt Mondkuchen mit süßer Lotuspaste, Eigelb u. Ä.

Mid-Autumn Festival

Hari Raya Puasa
wechselndes Datum

Am Ende des muslimischen Fastenmonats Ramadan wird mit Familie und Freunden das »Fest des Fastenbrechens« gefeiert. Auch Nichtmuslime werden dazu gern eingeladen.

Vorbereitung der Kohlen für Thimithi

Thimithi
Okt / Nov

Im Herbst zieht eine Prozession von Hindus vom Sri Srinivasa Perumal Temple zum Sri Mariamman Temple *(siehe S. 71)*, wo eine Zeremonie den Gang über glühende Kohlen umfasst.

Deepavali (Diwali)
Okt / Nov

Wenn Hindus und Sikhs den Sieg des Guten über das Böse feiern, soll das Licht Hunderter Öllampen den Seelen den Weg auf die Erde weisen.

Nine Emperor Gods Festival
Okt / Nov

Taoisten glauben, dass die Neun Kaisergötter für neun Tage auf die Erde kommen, um Kranke zu heilen und Glück zu bringen. Chinesische Priester singen Gebete, spirituelle Führer schreiben Zauberformeln in Blut.

Weihnachten
Dez

Zu Weihnachten ist z. B. die Orchard Road *(siehe S. 94 – 99)* immer prächtig dekoriert.

Sport- & Kulturevents

1 Singapore Art Week
Bildende Kunst steht jeden Januar im Fokus, wenn dieses Festival Ausstellungen, Geprächsrunden u. Ä. bietet.

2 World Gourmet Summit
Wenn die Insel im August die feine Küche feiert, kommen Starköche aus aller Welt.

3 Dragon Boat Festival
Internationale Teams treten im Juni zum beliebten Drachenbootrennen in der Marina Bay an.

4 Great Singapore Sale
In Juni und Juli bieten Singapurs Händler sechs Wochen lang tolle Preisnachlässe.

5 Singapore Food Festival
Das einmonatige Fest im Juli feiert die einheimische Küche – auch mit Kursen und Führungen in der ganzen Stadt.

6 Ballet Under the Stars
Die Tanzveranstaltung im Juli findet auf mehreren Freilichtbühnen statt und bietet zwanglose kulturelle Unterhaltung.

7 Singapore International Festival of the Arts
Das jährliche Kunstfestival im Mai / Juni umspannt Theater, Tanz und Musik und lockt Künstler aus der ganzen Welt an.

8 Nationalfeiertag, 9. August
Die Show zur Feier der Staatsgründung ist gewaltig. Die begehrten Tickets dafür werden verlost.

9 Formula 1 Singapore Grand Prix
Das erste Nachtrennen der Grand-Prix-Geschichte und das erste Straßenrennen Asiens wird jeden September wiederholt.

10 Singapore International Film Festival
In November und Dezember werden hier rund 300 meist asiatische Arthouse- und Independent-Filme gezeigt.

Festakt zum Nationalfeiertag

Stadtteile

Chinatown bei Nacht

Chinatown	70
Little India & Kampong Glam	78
Civic District	88
Orchard Road	94
Abstecher	100

TOP 10 Chinatown

Raffles teilte Singapur 1822 in klare Viertel ein. Damals entstanden südlich des Flusses Godowns (Lagerhäuser) und Schifffahrtsbüros; dahinter lebten chinesische Arbeiter in beengten Verhältnissen. Man baute Tempel, bildete Clans – Gruppen von Chinesen, die Dialekt, Namen oder regionale Wurzeln teilten –, doch die Enklave war nie homogen. Nach Eröffnung des Hafens in Tanjong Pagar lebten hier auch viele Inder. Heute zeugen Taoisten- und Hindu-Tempel, Kirchen und Moscheen vom multikulturellen Geist.

Im Buddha Tooth Relic Temple

1 TOP10-Attraktionen siehe S. 71–73
1 Restaurants siehe S. 77
1 Dies & Das siehe S. 74
1 Shopping siehe S. 76
1 Chinatown erleben siehe S. 75

Chinatown Heritage Centre

1 Chinatown Heritage Centre

Karte K4 ▪ 48 Pagoda St ▪ +65 6224-3928 ▪ tägl. 9.30–18 Uhr ▪ Eintritt ▪ www.chinatown.sg

In drei restaurierten Shophouses im Herzen von Chinatown zeigen Dioramen die einst harten Lebens- und Arbeitsbedingungen chinesischer Einwanderer. Auf drei Etagen sind Szenen aus deren Alltag nachgestellt. Eine Ausstellung widmet sich den »vier Übeln« Glücksspiel, Opiumrauchen, Prostitution und Geheimbündlerei *(siehe S. 40)*.

2 Sri Mariamman Temple

Karte K4 ▪ 244 South Bridge Rd ▪ +65 6223-4064 ▪ tägl. 7–12 & 18–21 Uhr ▪ www.smt.org.sg

Sri Mariamman ist die Muttergöttin der Hindus. Dieser ihr gewidmete Tempel wurde 1827 von dem Regierungsbeamten Narayana Pillay, der auf Raffles' Schiff nach Singapur gelangte, gegründet und ist der älteste hinduistische Tempel Singapurs. Den heutigen Bau errichteten ehemalige indische Sträflinge 1843. Da Sri Mariamman nach hinduistischem Glauben Heilkräfte besitzt, werden hier Behandlungen angeboten.

3 People's Park Complex

Karte K4 ▪ 1 Park Rd ▪ tägl. ab 8 Uhr ▪ www.peoplesparkcomplex.com

Der hohe Betonkomplex war in den 1970er Jahren ein bahnbrechendes Bauprojekt. Die zentrale Mall ist voller Reisebüros, Elektronikläden, chinesischer Souvenirshops und Massage- und Schönheitssalons. Davor tummeln sich Geldwechsler und Imbissstände mit landestypischen Snacks. Das angeschlossene People's Park Complex Food Centre bietet Dutzende toller Stände und ist zu jeder Tages- und Nachtzeit entsprechend voll.

4 Masjid Al-Abrar

Karte L5 ▪ 192 Telok Ayer St ▪ +65 6220-6306 ▪ tägl. 11.30–21 Uhr (Fr ab 10 Uhr)

Singapurs einst bedeutendste Moschee war ursprünglich nur eine mit Palmwedeln gedeckte Hütte und ist deshalb auch als »Kuchu Palli« oder »small hut house« bekannt. Heute fügt sich ihre Fassade zwischen den Shophouses ins Straßenbild ein. Während die Gemeinde früher recht groß war, wird das Gotteshaus heute nur noch von ein paar Arbeitern der Gegend genutzt. Die meisten Muslime besuchen Moscheen, die näher an ihrem Wohnort liegen.

Sri Mariamman Temple

Belebter Chinatown Street Market

5 Chinatown Street Market

Karte K4 ■ Trengganu Street & Pagoda Street ■ tägl. 10 – 23 Uhr

In den zwei für Fahrzeuge gesperrten Straßen verkaufen Stände Nippes aus China. Auch Schnitzereien und Batiken aus Indonesien sowie Lackwaren und Seide aus Vietnam bekommt man hier. Hinter den Ständen bieten Läden hochwertigere Stücke, Kunstobjekte und Antiquitäten an. In der nahen Smith Street finden sich Imbissstände.

6 Masjid Jamae (Chulia)

Karte K4 ■ 218 South Bridge Rd ■ +65 6221-4165 ■ So – Do 14 – 18 Uhr, Fr 14.30 – 18 Uhr ■ www.masjidjamaechulia.sg

Die Moschee errichteten Chulia – von der Südküste Indiens stammende Muslime, die Handel und Geldwechsel betrieben – und auch den Bau der Masjid Al-Abrar *(siehe S. 71)* finanzierten. Die imposante Fassade der Masjid Jamae ist südindisch geprägt – mit Gittern und zwei hohen Minaretten mit seitlich eingelassenen *mihrabs* (Gebetsnischen). Wer mit nackten Schultern oder Knien kommt, kann einen Umhang leihen.

Minarette der Masjid Jamae (Chulia)

7 Thian Hock Keng Temple

Obwohl der Tempel, Gotteshaus der ansässigen Hoklo-Gemeinde, heute zu Singapurs großen Besucherattraktionen zählt, hat er sich seine Authentizität bewahrt. Der Bau im Stil südchinesischer Tempel folgt den Regeln des *feng shui* für energetisch optimale Anordnung und Einrichtung. Der Tempel ist taoistisch und der Göttin Mazu (Ma Cho Po) geweiht, öffnet sich mit dem Schrein für Bodhisattva Guanyin und der Swastika auf der Mauer aber auch buddhistischen Lehren *(siehe S. 16f)*.

8 Ann Siang Hill Park

Karte K4/L4 ■ Zugang über Amoy Street & Club Street

Chinatown und Tanjong Pagar lagen einst in Hügeln eingebettet – Ann Siang Hill ist eine der wenigen verbliebenen Erhebungen. Der Park reicht bis zur Spitze des Hügels, Stufen und Stege gewähren Blicke über die Dächer der Shophouses.

9 Buddha Tooth Relic Temple

Karte K4 ■ 288 South Bridge Rd ■ +65 6220-0220 ■ tägl. 7–19 Uhr ■ www.btrts.org.sg

Der 2007 für 53 Millionen Singapur-Dollar fertiggestellte Bau birgt eine Zahnreliquie Buddhas. Hier finden sich Gebets- und Meditationsräume, ein Theater, Museen, ein Teehaus, ein Ausstellungszentrum und ein Geschenkshop. Der Grundriss entspricht buddhistischer Weltordnung, der Baustil der chinesischen Tang-Dynastie. Für den Besuch müssen Schultern und Beine bedeckt sein.

Ikone im Buddha Tooth Relic Temple

10 Singapore City Gallery

Karte K5 ■ 45 Maxwell Rd ■ +65 6221-6666 ■ Mo–Sa 9–17 Uhr ■ www.ura.gov.sg

Die Galerie in der Urban Redevelopment Authority, Singapurs Stadtsanierungsamt, liefert anhand riesiger Modelle der Stadt Überblick über die historischen Sehenswürdigkeiten und Einblick in künftige Sanierungsprojekte. Regelmäßige Führungen bieten Details von offizieller Seite.

Clans & Organisationen

Seit den 1820er Jahren, als sich chinesische Einwanderer südlich des Singapore River niederließen, bildeten sich Clans und Tempelgemeinschaften, die die Bewohner des Viertels unterstützten. Viele dieser Organisationen sitzen hier noch heute in den Shophouses und kümmern sich um die Bewahrung der Kultur.

Spaziergang

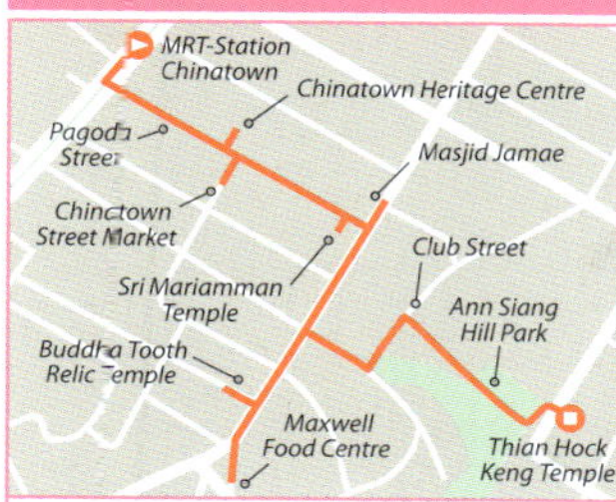

Vormittags

Nehmen Sie von der **MRT-Station Chinatown** den Übergang über Eu Tong Sen Street und New Bridge Road zur **Pagoda Street**, um den Tag mit einem Besuch des **Chinatown Heritage Centre** zu beginnen – die Ausstellung bietet einen guten Überblick über die historischen Bauten des Viertels. Dann schlendern Sie über den **Chinatown Street Market**, wo zahllose Imbissstände Snacks und Getränke anbieten. Entlang der nahen South Bridge Road bieten Shophouses, Tempel und Moscheen ein perfektes Beispiel für multikulturelle Harmonie in Singapur: Hier warten an der Ecke Mosque Street die **Masjid Jamae**, an der Ecke Temple Street der **Sri Mariamman Temple** und in der Sago Street der **Buddha Tooth Relic Temple** auf einen Besuch.

Nachmittags

Ein authentisches Mittagessen und kühle Getränke bekommen Sie gegenüber vom Tempel im **Maxwell Food Centre** *(siehe S. 60)*. Wer lieber im Restaurant speist, schlendert den Hügel hinauf bis zur Club Street, wo restaurierte Shophouses einige schicke asiatische und internationale Lokale bergen. Frisch gestärkt spazieren Sie die **Club Street** *(siehe S. 74)* entlang, um die dortige Architektur zu bewundern, und nehmen dann die Abkürzung durch den **Ann Siang Hill Park** zur Amoy Street, die von PR- und Werbeagenturen gesäumt ist. Direkt am Ausgang des Parks erwartet Sie der **Thian Hock Keng Temple**.

Siehe Karte S. 70

Dies & Das

1 Denkmalgeschützte Shophouses

Karte L4 ▪ rund um die China Street

Die Fußgängerzonen bei der China Street säumen traditionelle Shophouses mit Büros und Lokalen – Teil eines Denkmalschutzprojekts.

2 Bee Cheng Hiang

Karte K4 ▪ 189 New Bridge Rd ▪ +65 6223-7059 ▪ tägl. 8 – 22 Uhr

Der Name steht für *bakkwa* *(siehe S. 63)* – hier bekommt man die würzigen Fleischstreifen frisch vom Grill. Die Warteschlange reicht oft rund um den Block.

3 Speakers' Corner

Karte K3 ▪ Hong Lim Park, Upper Pickering St & New Bridge Rd

Diese Bühne im Park ist Singapurs offizielle Plattform für öffentliche Reden – sofern dabei weder Ethnie noch Religion verunglimpft werden.

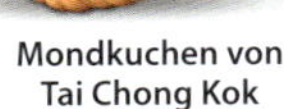

Mondkuchen von Tai Chong Kok

4 NUS Baba House

Karte T3 ▪ 157 Neil Rd ▪ +65 6227-5731 ▪ Sa 13 – 16.30 Uhr (nach Anmeldung); Führungen Di – Fr 10 Uhr ▪ www.babahouse.nus.edu.sg

Das blaue Peranakan-Haus aus den 1890er Jahren birgt schönes Originalmobiliar und zeigt, wie wohlhabende Strait-Chinesen einst lebten.

5 Mei Heong Yuen Dessert

Karte K4 ▪ 65 – 67 Temple St ▪ +65 6221-1156 ▪ Di – So 12 – 21.30 Uhr

Hier locken typisch chinesische Desserts wie Mandel-, Sesam- und Walnusspaste oder Mango-Wassereis.

6 Club Street

Karte K4/L4

Einst dominierten Sitze chinesischer Clans die lebhafte Straße, heute sind es Boutiquen, Bars und Restaurants.

7 Tong Heng Confectionery

Karte K4 ▪ 285 South Bridge Rd ▪ +65 6223-3649 ▪ tägl. 9 – 19 Uhr

Die nette Patisserie kreiert chinesische Eiertörtchen – die Variation eines portugiesischen Rezepts.

8 Tai Chong Kok

Karte K4 ▪ 34 Sago St ▪ +65 6226-3588 ▪ Mo 9 – 18 Uhr, Di – So 9 – 20 Uhr

Mondkuchen sind traditionell mit Lotussamenpaste gefüllt – hier gibt es sie in den verschiedensten Geschmacksrichtungen.

9 Chinese Weekly Entertainment Club

Karte K4 ▪ 76 Club St ▪ für die Öffentlichkeit geschl.

Die 1892 erbaute Villa war früher Treffpunkt der High Society und birgt heute einen diskreten Privatclub.

10 Duxton Hill

Karte K5

Die kleine Ansammlung denkmalgeschützter Shophouses ist tagsüber eine nette Rückzugsoase. Am Abend, wenn die Restaurants und Bars mehr und mehr Gäste anlocken, zeigt sich die Straße in reizvoller Beleuchtung.

Shophouse-Fassade, Duxton Hill

Chinatown erleben

1 Chinatown Night Market

Der Chinatown Street Market *(siehe S. 72)* wird abends zum Night Market und verzaubert Besucher mit einer ganz eigenen Atmosphäre.

Kalligraf am Chinatown Night Market

2 Thye Shan Medical Hall

Karte K4 ■ 201 New Bridge Rd ■ +65 6223-1326 ■ tägl. 9.30–20 Uhr ■ www.thyeshan.com

Den familiengeführten Laden für traditionelle chinesische Medizin füllen Regale voller Glasgefäße und Schubladen mit duftenden Kräutern.

3 Chinesische Snacks

So authentisch chinesische Snacks, wie sie an den Ständen des People's Park Complex *(siehe S. 71)* zu haben sind, gibt es sonst wohl nur in China. Kosten Sie Teigtaschen, Sweet Buns oder Pfannkuchen.

4 Chinese Theatre Circle

Karte K4 ■ 5 Smith St ■ +65 6323-4862 ■ Di–Sa 12–17 Uhr, So 14–18 Uhr ■ Eintritt ■ www.ctcopera.com.sg

Besuchen Sie Karaoke-Darbietungen chinesischer Opern im Teehaus des Zentrums, das auch Kurse anbietet.

5 Food Playground

Karte K4 ■ 24A Sago St ■ +65 9452-3669 ■ www.foodplayground.com.sg

Hobbyköche führen in die Streetfood-Kultur Singapurs ein und zeigen die Zubereitung einiger Klassiker.

6 Nanyin-Musik

Karte L4 ■ Thian Hock Keng Temple, 158 Telok Ayer St ■ www.siongleng.com

Der Tempel dient ein paarmal im Jahr als Bühne für die traditionelle »Musik des Südens«. Organisator ist die Siong Leng Musical Association.

7 Nam's Supplies

Karte K4 ■ 22 Smith St ■ +65 6324-5872 ■ tägl. 8–18 Uhr

In dem Laden bekommt man u. a. die falschen Geldscheine und Papiermodelle von Luxusartikeln, die traditionell als »Höllengeld« für die Seelen Verstorbener verbrannt werden.

8 Chinesisches Schach

Karte K4 ■ Sago Street & Trengganu Street

Unbeirrt vom Besucherstrom sitzen ältere Einheimische hier beim chinesischen Schach *(xiangqi)*.

9 Tea Chapter

Karte K5 ■ 9 Neil Rd ■ +65 6226-1175 ■ tägl. 10.30–21 Uhr (Fr & Sa bis 22.30 Uhr) ■ www.teachapter.com

Eine gute Tasse Tee und kunstvoll bereitete Leckereien – tauchen Sie ein in die traditionelle Teezeremonie.

10 Wet Market

Karte K4 ■ Chinatown Complex, 335 Smith St ■ Di–So 5–12 Uhr

Der Boden solcher Märkte für Obst, Gemüse und Fleisch wird täglich nass ausgespritzt – daher der Name.

Fischstand am Wet Market

Siehe Karte S. 70

Shopping

1 Yue Hwa Chinese Emporium

Karte K4 ■ 70 Eu Tong Sen St ■ +65 6538-4222 ■ tägl. 11–21 Uhr (Sa bis 22 Uhr)

Das Warenhaus ist für sein preiswertes Angebot an chinesischem Kunsthandwerk bekannt. Neben Jadeschmuck und anderen Geschenken gibt es hier auch Seidenkleidung, besticktes Leinen und mehr.

Stempelset, Chinatown Seal Carving

2 The Tintin Shop

Karte K4 ■ 28 Pagoda St ■ +65 8183-2210 ■ tägl. 10–21 Uhr

Fans von Tim und Struppi finden hier alle erdenklichen Artikel rund um die berühmten belgischen Comicfiguren.

The Tintin Shop

3 Da Wei Arts n Crafts

Karte K4 ■ 270 South Bridge Rd ■ +65 6224-5058 ■ tägl. 11–22 Uhr

Der Laden führt Künstlerbedarf wie chinesisches Reispapier, Pinsel, Tinte und Tintensteine.

4 Zhen Lacquer Gallery

Karte K4 ■ 1 Trengganu St ■ +65 6222-2718 ■ tägl. 10.30–21 Uhr

Im Sortiment des kleinen, auf Lackarbeiten spezialisierten Ladens finden sich u. a. hübsche Schüsseln.

5 Orchid Chopsticks

Karte K4 ■ 42 Pagoda St ■ +65 6423-0488 ■ tägl. 10–22 Uhr

Die hübsch verzierten Essstäbchen werden auf Wunsch individualisiert und sind schöne Mitbringsel für die Lieben zu Hause.

6 Chinatown Seal Carving

Karte K4 ■ #02-06 Lucky Chinatown, 211 New Bridge Rd ■ +65 9817-8781 ■ tägl. 11–19 Uhr

Lassen Sie sich Ihren Namen oder Lieblingsspruch in chinesischen Schriftzeichen in einen steinernen »Chop« (Stempel) gravieren.

7 Poh Heng

Karte K4 ■ #01-17 People's Park Complex, 1 Park Rd ■ +65 6535-0960 ■ tägl. 11.30–21 Uhr

Der namhafte, auf Gold und Jade spezialisierte Juwelier führt u. a. schöne Broschen im Peranakan-Stil.

8 Peranakan Tile Gallery

Karte K4 ■ 36 Temple Street #01-04 ■ +65 6684-8600 ■ tägl. 11–18 Uhr ■ www.asterbykyra.sg

Verzierte Wandfliesen, wie sie dieser Laden führt, schmückten früher traditionelle Shophouses.

9 Chinatown Complex

Karte K4 ■ 335 Smith St ■ tägl. 9–21 Uhr

Die Mall birgt außer dem bekannten Food Center *(siehe S. 61)* auch Läden mit Haushaltswaren und ausgefallenen Souvenirs.

10 World Arts & Crafts

Karte K4 ■ #B1-28 People's Park, 101 Upper Cross St ■ +65 6532-0056 ■ tägl. 12–19 Uhr

Das reiche Sortiment an Edelsteinen und Quarz – im Naturzustand oder in Schmuck gefasst – stammt vor allem aus China und Südamerika.

Restaurants

Preiskategorien
Preis für ein Drei-Gänge-Menü pro Person mit einem alkoholfreien Getränk, inkl. Steuern und Service.

$ unter 30 S$ $$ 30–70 S$ $$$ über 70 S$

1 Fortune Court

Karte K4 ■ 31 Pagoda St ■ +65 9234-9969 ■ tägl. 11–15 & 17.30–22 Uhr ■ $$

Hier gibt es gute kantonesische Küche frisch aus dem Wok. Probieren Sie den Hummer in pikanter XO-Sauce mit *Ee-fu*-Nudeln oder White Pepper Crab.

2 Yum Cha

Karte K4 ■ 20 Trengganu St ■ +65 6372-1717 ■ tägl. 10.30–22 Uhr (Sa & So ab 9 Uhr) ■ $$

In dem stilvollen Shophouse werden frisch zubereitete Dim Sum, kantonesische Köstlichkeiten wie Pekingente und herrlich knusprige Pasteten serviert.

3 Nomiya

Karte K4 ■ 11 Trengganu St ■ +65 6232-7827 ■ Di–So 11.30–14.30 & 17.30–22.30 Uhr ■ $$

Teilen Sie sich eine Platte japanischer Köstlichkeiten und freuen Sie sich an der feinen Auswahl an Sake.

4 PS.Cafe Ann Siang Hill

Karte K4 ■ 45 Ann Siang Rd #02-02 ■ +65 6708-9288 ■ tägl. 11.30–22 Uhr ■ $$

Das Bistro im Ann Siang Hill Park serviert gute Drinks und modern interpretierte Inselküche, z. B. Tarte mit Pazifischer Schwimmkrabbe, Chili und Kaffir.

5 Cumi Bali

Karte K5 ■ 66 Tanjong Pagar Rd ■ +65 6220-6619 ■ tägl. 11.30–15 & 18–21 Uhr ■ $

Das nette kleine Lokal wird für seine preiswerte indonesische Küche geschätzt, z. B. für sein *sayur lodeh*, ein Gemüsecurry mit Kokosmilch.

6 Lucha Loco

Karte K5 ■ 15 Duxton Hill ■ +65 3158-3677 ■ Mo & Di 12–23 Uhr, Mi–Fr 12–24 Uhr, Sa 17–1 Uhr ■ $$

Der lebhafte Mexikaner lockt mit großer Gartenbar und Terrasse.

7 Blue Ginger

Karte K5 ■ 97 Tanjong Pagar Rd ■ +65 6222-3928 ■ tägl. 12–15 & 18.30–22.30 Uhr ■ $$

Hier muss man Peranakan-Gerichte wie *ayam buah keluak* (Chicken Curry mit Kemirinüssen) kosten!

Im Potato Head

8 Potato Head

Karte K4 ■ 36 Keong Saik Rd ■ +65 6327-1939 ■ tägl. 11–24 Uhr ■ $$

Die Speisekarte zeigt asiatischen Touch, doch im Grunde dreht sich hier alles um Burger und Cocktails.

9 Annalakshmi

Karte K4 ■ #01-04 Central Square, 20 Havelock Rd ■ +65 6339-9993 ■ tägl. 11.15–15 & 18.15–22 Uhr

Im indisch-vegetarischen Büfett-restaurant des Wohlfahrtsverbands Temple of Fine Arts zahlt man nur so viel, wie man kann.

10 Spring Court Restaurant

Karte K4 ■ 52–56 Upper Cross St ■ +65 6449-5030 ■ tägl. 11–15 & 18–22.30 Uhr ■ $$$

Singapurs ältestes chinesisches Restaurant residiert in einem schönen traditionellen Shophouse.

Siehe Karte S. 70

TOP 10 Little India & Kampong Glam

Mitte des 19. Jahrhunderts siedelten sich im heutigen Little India Hirten an, um Viehzucht zu betreiben. Dank indischer Arbeiter blühte das Gewerbe. Auch in den späteren Ziegeleien und Kalkgruben der Regierung arbeiteten viele Inder. Wie vor 100 Jahren verkaufen die Läden des Viertels ihre indischen Waren. Kampong Glam war in Raffles' Stadtplanung dem Sultan von Singapur zugeteilt und zog Muslime wie Malaien, Bugis (aus Sulawesi) und Araber an. Die Bugis bauten hier Schiffe; einige Betriebe gibt es noch heute. Die arabische Kultur lebt nicht zuletzt in den Cafés und Läden.

Korbwaren in der Arab Street

1 Arab Street

Karte G4 – H5

Die wichtigste Durchgangsstraße des muslimischen Viertels Kampong Glam ist nach den arabischen Händlern benannt, die hier als erste Ausländer siedelten. In den Läden gibt es bunte Batiken und andere Textilien, Korbwaren und vieles mehr aus Indonesien und dem Nahen Osten.

2 Serangoon Road

Karte F4 – H1

Die Straße ist das Herz von Little India und erscheint weniger gelackt als der Rest von Singapur. Noch immer bergen die alten Shophouses familiengeführte Läden mit buntem Sortiment. Aus ganz Singapur kommen Inder her, um Lebensmittel, Kleidung und Devotionalien zu kaufen. So mancher Wäscher, Goldschmied oder Gewürzmüller arbeitet hier noch so wie vor Jahrzehnten.

3 Sri Srinivasa Perumal Temple

Karte G2 ■ 397 Serangoon Rd ■ +65 6298-5771 ■ tägl. 8.30–12 & 18–21 Uhr ■ www.sspt.org.sg

Der erste zur Anbetung Vishnus erbaute Tempel in Singapur hat einen eindrucksvollen Gopuram (Torturm) mit fünf Ebenen voller Figuren, die u. a. die Inkarnationen Vishnus und dessen Reittier Garuda – halb Adler, halb Mensch – zeigen. Der Gott Vishnu ist Teil der Hindu-Trinität. Er gilt als Beschützer, während Brahma Schöpfer und Shiva Zerstörer ist. Der Tempel ist Startpunkt der festlichen Prozessionen zu Thaipusam *(siehe S. 66)* und Thimithi *(siehe S. 67)*.

Sri Srinivasa Perumal Temple

siehe kleine Karte

Hauptkarte

0 Meter 300

Kampong Glam

Rochor River

Farrer Park

Lavender

180 m

❶ TOP**10-Attraktionen**
siehe S. 78–81

① **Restaurants**
siehe S. 85

① **Shopping**
siehe S. 84

① **Little India erleben**
siehe S. 82

① **Kampong Glam erleben**
siehe S. 83

Masjid Abdul Gafoor

4 Masjid Abdul Gafoor

Karte F4/G4 ■ 41 Dunlop St ■ +65 6295-4209 ■ Sa–Do 8–20 Uhr, Fr 8–12 & 14.30–20 Uhr

Die Moschee zeigt islamische und europäische Architekturelemente. Elegante Säulen stützen maurische Bogen. Die filigranen Kalligrafien in den Strahlen des Sonnenmotivs über dem Eingang nennen die 25 Propheten des Islam.

5 Sakya Muni Buddha Gaya Temple

Karte G2 ■ 366 Race Course Rd ■ +65 6294-0714 ■ tägl. 8–16.30 Uhr

Der kleine buddhistische Tempel wird wegen der 989 Kerzen, die den zentralen Buddha umringen und zu manchen Zeremonien entzündet werden, auch Temple of a Thousand Lights genannt. Malereien rund um den Hauptaltar zeigen Szenen aus dem Leben Buddhas. Hinter dem Altar führt eine kleine Tür zu einer Kammer mit einem liegenden Buddha. Die vielen thailändischen Elemente des Tempels stammen von seinem Gründer, einem buddhistischen Mönch aus Thailand.

Istana Kampong Glam

1824 trat Sultan Hussein seine Hoheitsrechte über Singapur an die East India Company ab und erhielt dafür ein Stück Land. Nach seinem Tod ließ sein Sohn Sultan Ali dort den Istana Kampong Glam errichten. Als das königliche Vermögen schwand, fiel das Anwesen 1897 der britischen Krone zu. Die Sultansfamilie durfte bleiben – erst 1999 gab es Pläne für die Einrichtung des Malay Heritage Centre.

6 Sri Veeramakaliamman Temple

Seit seinen bescheidenen Anfangstagen Mitte des 19. Jahrhunderts wird der Tempel mit der Arbeiterschicht in Verbindung gebracht – schließlich wurde er von den Arbeitern der Gegend und für sie erbaut. Er dient der Verehrung Kalis, einer göttlichen Mutterfigur, die Gläubigen fern der Heimat Trost spendet. Wie bei allen Hindu-Tempeln in Singapur stammen die bunten Dachfiguren von südindischen Kunsthandwerkern, die eigens dafür anreisten *(siehe S. 20f)*.

Sri Veeramakaliamman Temple

7 Mustafa Centre

Karte G3 ■ 145 Syed Alwi Rd ■ +65 6295-5855 ■ www.mustafa.com.sg

In dem riesigen Kaufhaus, das sich über zwei Blocks erstreckt, kann man rund um die Uhr alle erdenklichen indischen Waren erstehen. Das Angebot reicht von preiswerten Bedarfsartikeln bis zu kunsthandwerklichen Schätzen aus Gold. Das Haus führt außerdem ein großes Sortiment an Saris und anderen Textilien sowie Modeschmuck.

8 Masjid Hajjah Fatimah

Karte H5 ■ 4001 Beach Rd ■ +65 6297-2774 ■ tägl. 10–21 Uhr

Die Singapurer Geschäftsfrau Hajjah Fatimah bewohnte hier ein Haus, das mehrfach ausgeraubt und letztlich in Brand gesteckt wurde. Als Dank für ihre geglückte Flucht ließ sie um 1846 die Moschee errichten. Der Bau vereint europäische, chinesische und malaiische Architekturelemente. Bemerkenswert ist das schiefe Minarett – Singapurs Version des Schiefen Turms von Pisa.

9 Malay Heritage Centre

Karte H4 ■ 85 Sultan Gate ■ +65 6391-0450 ■ voraussichtl. bis Mitte 2025 wegen Renovierung geschl. ■ www.malayheritage.org.sg

Der einstige Istana Kampong Glam war lange Zeit Residenz des Johor-Sultanats. Nach Auszug der Sultansfamilie wurde der Palast renoviert und in dieses Malaiische Kulturzentrum umgewandelt, das 2005 eröffnete und auch ein Museum umfasst. Die fünf Ausstellungsräume sind dem Grundriss eines traditionellen malaiischen Hauses nachempfunden und zeigen die reiche Kunst und die kulturellen Traditionen der malaiischen Gemeinschaft *(siehe S. 40)*.

10 Masjid Sultan

Die bedeutendste Moschee der Stadt wurde mit Spenden der muslimischen Gemeinde finanziert. Sogar Flaschen – ein Beitrag von den Armen des Viertels – fanden Verwendung: Sie bilden ein glitzerndes Band unterhalb der Kuppel. Die Moschee steht unter der Verwaltung von je zwei Vertretern der sechs bedeutendsten ethnischen Gruppen: Malaien, Javaner, Bugis, Araber, Tamilen und Nordinder *(siehe S. 18f)*.

Kuppel der Masjid Sultan

Spaziergang

Vormittags

Von der **MRT-Station Little India** geht es als Erstes zum **Tekka Market** *(siehe S. 84)*, wo im Erdgeschoss ein tolles Hawker Center und oben Stände mit indischen Textilien warten. Die **Serangoon Road** führt Sie anschließend zum **Sri Veeramakaliamman Temple**, wo Sie das lebhafte Treiben in einem Hindu-Tempel verfolgen können. Ein Stück weiter stoßen Sie auf die Syed Alwi Road, in der das gewaltige Kaufhaus **Mustafa Centre** wirklich alles anbietet, und noch weiter nördlich auf den **Sri Srinivasa Perumal Temple**, einen eher stillen Ort der Andacht. Über die nächste Querstraße links kommen Sie zum **Sakya Muni Buddha Gaya Temple**, dann machen Sie sich auf den Weg nach Südosten: Vorbei an bunten Shophouses geht es Richtung Kampong Glam. Am Weg lohnt die hübsche **Masjid Abdul Gafoor** einen Besuch.

Nachmittags

Mittagessen können Sie in einer der lebhaften Bars der **Haji Lane** *(siehe S. 83)* – eine gute Wahl ist z. B. das Blu Jaz Cafe *(siehe S. 83)*. Schlendern Sie an den Boutiquen der Gasse entlang und werfen Sie auch einen Blick in die Läden der **Arab Street**. Dann besichtigen Sie die **Masjid Sultan**, Herzstück des muslimischen Viertels. Vielleicht stöbern Sie ja in der **Bussorah Street** *(siehe S. 83)* noch ein wenig nach Souvenirs, bevor Sie Ihre Tour mit einem Besuch des **Malay Heritage Centre** abschließen.

Siehe Karte S. 78f

Little India erleben

Blumengirlanden in der Campbell Lane

1 Blumengirlanden

Karte F4 ■ Campbell Lane & Buffalo Road

An vielen Straßenecken des Viertels gibt es handgefädelte Girlanden aus frischen Blumen.

2 Amrita Ayurvedic

Karte F4 ■ 11 Upper Dickson Rd ■ +65 6299-0642 ■ Mi–Mo 9–21 Uhr

Traditionelle indische Medizin wird seit über 500 Jahren praktiziert. Bei Amrita werden nur Produkte auf rein pflanzlicher Basis verwendet. Auch Yogakurse gibt es hier.

3 Sajeev Studio

Karte F4 ■ 23 Kerbau Rd ■ +65 6296-6537 ■ tägl. 11–20 Uhr

Der Fotograf lichtet Männer und Frauen in traditioneller indischer Kleidung samt Schmuck und Make-up ab – die Porträts sind ein nettes Andenken.

4 Our Lady of Lourdes

Karte G4 ■ 50 Ophir Rd ■ +65 6294-0624

Die historische Kirche zeugt von der Ausbreitung des Katholizismus in Singapur, insbesondere vom Wachstum der tamilischen katholischen Gemeinde.

Exponat im Indian Heritage Centre

5 Brahma Kumaris

Karte G3 ■ Chern Seng Building, 7 Hindoo Rd ■ +65 6441 1411 ■ www.brahmakumaris.org.sg

Das Meditationszentrum bietet kostenlose Kurse an – auch Yoga.

6 ANSA Picture Framing & Art Gallery

Karte F4 ■ 29 Kerbau Rd ■ +65 6295-6605 ■ Mo–Sa 9.30–21 Uhr

Stöbern Sie durch Bilder von Hindu-Gottheiten und weltliche Werke.

7 Street-Art

Karte F4–G3

In Kerbau Road, Serangoon Road, Baboo Lane und Desker Road stellen farbenfrohe Wandmalereien hiesiger und internationaler Künstler Alltagsszenen dar – von indischen Tänzen bis zum Tiffin-Lieferanten.

8 Indian Heritage Centre

Karte F4 ■ 5 Campbell Ln ■ +65 6291-1601 ■ Di–Do 10–19 Uhr, Fr & Sa 10–20 Uhr, So 10–16 Uhr ■ Eintritt

Fünf Ausstellungen dokumentieren die Geschichte von Singapurs indischer Gemeinde.

9 Selvi's

Karte F4 ■ #01-23 Little India Arcade, 48 Serangoon Rd ■ +65 6297-5322 ■ Mo–Sa 9–20.30 Uhr, So 9–17 Uhr

Für hübsche Kurzzeit-Tattoos applizieren Hennamaler eine Paste in filigranen Mustern auf Ihre Hände.

10 Betelnüsse

Karte F4 ■ Campbell Lane & Buffalo Road

Straßenhändler wickeln die Areca-Früchte zum Kauen in Blätter.

→ Siehe Karte S. 78f

Kampong Glam erleben

1 Wardah Books

Karte H5 ▪ 58 Bussorah St ▪ +65 6297-1232 ▪ tägl. 10–19 Uhr (Fr & Sa bis 21 Uhr) ▪ www.wardahbooks.com

Das Sortiment der Buchhandlung umfasst vor Ort verlegte Belletristik, Bücher über malaiische Kultur wie auch Titel zu Südostasien und dem Nahen Osten.

2 Kampong Glam Café

Karte H5 ▪ 17 Bussorah St ▪ +65 6294-1697 ▪ Di–So 8–2 Uhr

Das Freiluftlokal mit malaiischer und indischer Küche ist bei Einheimischen und Urlaubern beliebt.

3 Bhai Sarbat

Karte H5 ▪ 21 Baghdad St ▪ tägl. 6.30–23.30 Uhr

An dem Stand erhält man *teh tarik* *(siehe S. 57)*, das beliebte Getränk aus süßer Kondensmilch und Tee, das durch das Hin- und Hergießen schaumig gemacht wird.

4 Parkview Square

Karte G5 ▪ 600 North Bridge Rd

Der Büroturm, 2002 im Art-déco-Stil erbaut, beheimatet auch die Atlas Bar *(siehe S. 56)*, die zu den schicksten Treffs in ganz Singapur zählt.

5 Bussorah Street

Karte H5

Palmen, arabische Restaurants und verschiedenste Läden mit Antiquitäten, Krimskrams und Souvenirs säumen den reizvollen Boulevard.

6 Hjh Maimunah Restaurant

Karte G4 ▪ 11 & 15 Jalan Pisang ▪ +65 6297-4294 ▪ Mo–Sa 7–20 Uhr ▪ $$

Für die würzigen malaiischen Speisen dieser Institution reiht man sich gern in die Warteschlange ein.

7 Blu Jaz Cafe

Karte H5 ▪ 11 Bali Ln ▪ +65 6292-3800 ▪ tägl. 9–24 Uhr (Mi & Do bis 1 Uhr, Fr & Sa bis 2.30 Uhr)

Hier locken ein farbenfroher Freiluftbereich und eine ansprechende Auswahl an Essen.

8 Golden Mile Complex

Karte H5 ▪ 5001 Beach Rd ▪ tägl. 10–22 Uhr

Singapurs »Little Thailand« bietet ein großes Sortiment an Lebensmitteln und traditionellen Waren und zudem echte Thaiküche.

9 Muslimischer Friedhof

Karte H4 ▪ Ecke Victoria Street & Jalan Kubor

In dem Gewirr aus Grabsteinen markieren Quader Männergräber und runde Steine die Gräber von Frauen.

10 Haji Lane

Karte G5/H5

Die unkonventionellen Läden der kleinen Gasse führen Mode hiesiger Designer und importierte Kuriositäten aus aller Welt.

Läden in der Haji Lane

Shopping

1 Ratianah

Karte H5 ▪ 23 Bussorah St ▪ +65 6392-0323 ▪ Di–Do 12.30–20.30 Uhr, Fr & Sa 12.30–21 Uhr, So 13–19 Uhr

Neben Stoffen und Damenmode findet sich in dem malaiischen Laden auch Schmuck im Peranakan-Stil.

2 Sri Ghanesh Textiles

Karte F4 ▪ 100 Serangoon Rd ▪ +65 6298-2029 ▪ tägl. 9.30–21 Uhr

Der Laden führt eine große Auswahl an hochwertigen Saris aus Indien, Japan, China und Indonesien.

3 Rishi Handicrafts

Karte H5 ▪ 58 Arab St ▪ +65 6298-2408 ▪ tägl. 10–18 Uhr

Korbwaren kauft man am besten in diesem alteingesessenen Laden in der Baghdad Street. Die Körbe, Taschen, Hüte und Matten stammen aus Indonesien und China.

4 StyleMart

Karte F4 ▪ 149–151 Selegie Rd ▪ +65 6338-2073 ▪ Mo–Do 11–20 Uhr, Fr & Sa 11–21 Uhr, So 12–19 Uhr

Die Boutique ist auf edle indische Mode spezialisiert. Vor allem die Stücke aus Seide und Brokat mit Perlenstickerei sind schöne Geschenke.

5 Little India Arcade

Karte F4 ▪ 48 Serangoon Rd ▪ tägl. 9–22 Uhr

Hier locken Läden mit Modeschmuck, Wandteppichen, Bollywood-DVDs, Räucherwerk, Lederwaren und indischer Mode.

Little India Arcade

Saris, Tekka Market

6 Tekka Market

Karte F3 ▪ 665 Buffalo Rd ▪ tägl. 6–22 Uhr

Der Komplex umfasst Wet Market, Hawker Center *(siehe S. 60f)* und preiswerte indische Modeläden.

7 Mustafa Centre

Geben tut es hier so gut wie alles, doch den besten Kauf macht man mit indischen Seidensaris, Textilien und Goldschmuck *(siehe S. 80)*.

8 Jamal Kazura Aromatics

Karte H4 ▪ 728 North Bridge Rd ▪ +65 6293-2350 ▪ Mo–Fr 10–18 Uhr, Sa 10–14 Uhr

Die Düfte von Jamal Kazura basieren auf Öl, da Muslime nicht mit Alkohol in Berührung kommen möchten.

9 Basharahil Brothers

Karte H5 ▪ 101 Arab St ▪ +65 6296-0432 ▪ Mo–Sa 10–17.30 Uhr, So 11–17 Uhr

Der Laden bietet Batikstoffe aus Indonesien als Meterware, aber auch in Form von Sarongs oder Tischwäsche.

10 Asian Arts & Crafts

Karte F3 ▪ 180 Serangoon Rd ▪ +65 6299-0500 ▪ tägl. 10–22 Uhr

Die Kunstobjekte des Ladens sind religiöser Art – hauptsächlich aus dem Hinduismus.

Restaurants

Preiskategorien
Preis für ein Drei-Gänge-Menü pro Person mit einem alkoholfreien Getränk, inkl. Steuern und Service.

$ unter 30 S$ $$ 30–70 S$ $$$ über 70 S$

1 Jaggi's Northern Indian Cuisine

Karte F3 ■ 34 Race Course Rd ■ +65 6296-6141 ■ tägl. 11–22.30 Uhr ■ $

Gäste genießen hier köstliche indische Currys mit Fleisch und herrlich frischem Brot aus dem Tandoori-Ofen.

2 Komala Vilas

Karte F4 ■ 76 Serangoon Rd ■ +65 6293-6980 ■ tägl. 7–22.30 Uhr ■ $

Wer Lust auf einen schnellen Snack hat, sollte die preiswerten vegetarischen Gerichte von Komala Vilas versuchen. Spezialität ist *dosai*, ein heißer Pfannkuchen mit Sauce.

3 Muthu's Curry

Karte F3 ■ 138 Race Course Rd ■ +65 6392-1722 ■ tägl. 10.30–22.30 Uhr ■ $$

Neben Singapurs beliebtestem Fischkopfcurry serviert das Lokal auch diverse südindische Gerichte.

4 Islamic Restaurant

Karte H4 ■ 745 North Bridge Rd ■ +65 6298-7563 ■ Sa–Do 10–22 Uhr, Fr 10–13 & 14–22 Uhr ■ $

Das 1921 eröffnete Restaurant zählt zu den ältesten in Singapur. Serviert werden traditionelle Fleisch- und Seafood-Gerichte.

5 Symmetry

Karte H4 ■ 9 Jalan Kubor ■ +65 6291-9901 ■ Mo 11–21 Uhr, Di–Do 11–23 Uhr, Fr 11–24 Uhr, Sa 9–24 Uhr, So 9–19 Uhr ■ $$

Was tagsüber ein zwangloses Café ist, lockt abends mit französisch inspirierter Küche und australischer Gastlichkeit Singapurs Hipster an. Die Portionen reichen gut für zwei.

6 Good Luck

Karte H5 ■ 9 Haji Ln ■ +65 6391-9942 ■ Mo–Mi 16–24 Uhr, Do–So 12–24 Uhr ■ $$

Zu Burgern oder hausgemachten Nudeln schmeckt ein Glas Craftbeer.

7 The Banana Leaf Apolo

Karte F3 ■ 54 Race Course Rd ■ +65 6293-8682 ■ tägl. 11–22.30 Uhr ■ $

Der Name bezieht sich auf die Blätter, auf denen südindische Gerichte gern serviert werden.

Fischcurry in The Banana Leaf Apolo

8 Gokul Vegetarian Restaurant

Karte F4 ■ 19 Upper Dickson Rd ■ +65 6396-7759 ■ tägl. 10.30–22 Uhr ■ $

Hier gibt es vegetarische Versionen beliebter landestypischer Gerichte.

9 Rumah Makan Minang

Karte H4, H5 ■ 18 &18A Kandahar St ■ +65 6977-7064 ■ tägl. 8.30–20 Uhr ■ $

Zu der großen Auswahl an indonesischen Gerichten zählt *rendang* – eine Art Curry – mit Hühnchen und Rind.

10 Zam Zam

Karte G5 ■ 697–699 North Bridge Rd ■ +65 6298-6320 ■ tägl. 7–23 Uhr ■ $

Das einfache Lokal ist berühmt für sein *murtabak* – ein indisches, mit Zwiebeln, Fleisch und Ei gefülltes Brot, das ins Curry getunkt wird.

Siehe Karte S. 78f

ARTHESDAM
Lane
- Sat
GOODAY
GOODAY

Celebrates
Singapore's
52
Birthday!
AR
BOI

TOP 10 Civic District

National Museum of Singapore

Vor der Ankunft von Sir Thomas Stamford Raffles im Jahr 1819 war Singapur ein kleines, von Dschungel umgebenes Fischerdorf. Der Dschungel wich schnell Bauten für die lokale und später für die koloniale Regierung. Auf dem Hügel entstand die Gouverneursresidenz mit eigenem botanischen Garten. Im frühen 19. Jahrhundert breitete sich der Bezirk rasch aus – viele Gebäude stammen noch aus jener Zeit. Im ältesten Park Singapurs, dem Fort Canning Park, liegt ein Grab, das Iskandar Shah gehören soll. Der herrschte hier im 14. Jahrhundert, wurde aber vertrieben und gründete Melaka in Malaysia.

1 TOP10-Attraktionen *siehe S. 89–91*

1 Restaurants *siehe S. 93*

1 Shopping *siehe S. 92*

Vorhergehende Doppelseite Farbenfroh dekorierte Straße in Little India

The Arts House, Old Parliament House

1 Old Parliament House

Karte M3 ▪ 1 Old Parliament Ln

Die Villa des schottischen Kaufmanns Maxwell wurde noch vor der Umsetzung von Raffles' Bebauungsplänen *(siehe S. 90)* errichtet. Da der Grund für öffentliche Gebäude vorgesehen war, kaufte der Staat kurzerhand das Haus und nutzte es als Gericht. 1965 bis 1999 diente der Bau dem Parlament, heute beheimatet er mit The Arts House *(siehe S. 55)* ein Kunstzentrum *(siehe S. 42)*.

2 Victoria Theatre & Concert Hall

Karte M3 ▪ 9 Empress Place ▪ +65 6602-4200 ▪ www.vtvch.com

Das 1862 fertiggestellte Rathaus, das erste Bauwerk der Kolonialregierung, wurde als Staatsgebäude bald zu klein. Im Jahr 1909 wurde es daher in ein Theater umgewandelt. Wie der angrenzende, 1905 erbaute Konzertsaal ist es Queen Victoria gewidmet. Das wunderschöne Interieur verleiht Konzerten ein besonderes Flair *(siehe S. 43 & S. 55)*.

Victoria Theatre & Concert Hall

3 Children's Museum Singapore

Karte L2 ▪ 23B Coleman St ▪ +65 6337-3888 ▪ Di–So 9–12.45 & 14–17.45 Uhr ▪ Eintritt ▪ www.nhb.gov.sg/childrens museum

Singapurs erstes speziell für Kinder eingerichtete Museum soll diese anregen, das Erbe und die vielfältige Kultur des Landes zu erkunden – interaktive Exponate und multisensorische Aktivitäten laden dazu ein.

4 Empress Place Building & Asian Civilisations Museum

Karte M3 ▪ 1 Empress Place

Der Bau entstand, nachdem das Old Parliament House für die Kolonialverwaltung zu klein geworden war. Der älteste Teil stammt von 1864, es folgten drei Erweiterungen, 1905 wurde das Gebäude als Empress Place Building eröffnet. Bis in die 1980er Jahre barg es Ämter, u. a. das Geburten- und Sterberegister, weshalb es heißt, dass jeder Bürger Singapurs schon durch seine Türen gegangen ist. Seit 2003 beheimatet der Bau das Asian Civilisations Museum *(siehe S. 14 & S. 43)*.

5 Statue von Raffles

Karte M3 ▪ 9 Empress Place

Die Bronzestatue von Sir Thomas Stamford Raffles wurde 1887 auf dem Padang aufgestellt. Zu Singapurs 100-jährigem Jubiläum 1919 wechselte sie auf den Platz vor dem Victoria Theatre. Eine Replik markiert am Singapore River die Stelle, wo der Stadtgründer 1819 an Land gegangen sein soll.

Raffles Hotel

Raffles' Stadtplan von 1822

Sir Thomas Stamford Raffles bildete im Jahr 1822 ein Komitee zur Planung und Aufteilung Singapurs in Regierungs-, Wohn- und Geschäftsviertel. Die daraus entstandenen Distrikte bestehen bis heute als Civic District (früher Colonial District), Chinatown und Kampong Glam. Ein Großteil der alten Regierungsgebäude rund um den Padang dient inzwischen der Kunst.

6 Raffles Hotel

Von den einst zahlreichen auf europäische Gäste ausgerichteten Hotels im kolonial geprägten Civic District ist nur dieses verblieben. 1887 als Bungalow errichtet, wurde es nach mehreren An- und Umbauten zum prächtigen Wahrzeichen der Stadt. Die reizvollen Innenhöfe, Bars und Restaurants sind inmitten des betriebsamen Geschäftsviertels wahre Oasen der Ruhe *(siehe S. 30f)*.

7 National Museum of Singapore

Das größte Museum Singapurs verfügt über 18400 Quadratmeter Ausstellungsfläche, die ganz der Geschichte und der Kultur des Landes gewidmet sind. Die multimedialen Exponate bieten Besuchern eine ausgezeichnete Einführung zu Singapur, die man nicht versäumen sollte *(siehe S. 12f)*.

8 Fort Canning Park

Karte K1–L2 ■ rund um die Uhr ■ www.nparks.gov.sg

Sir Raffles baute an dieser Stelle sein Wohnhaus, dieses wurde allerdings 1860 durch Fort Canning ersetzt. Die Militärfestung auf dem Hügel war recht eindrucksvoll, erwies sich jedoch als ineffektiv, da die Kanonen von dort nicht den Hafen erreichten. Im Jahr 1929 wurde das Fort bis auf das gotische Portal abgerissen. Die Militärbüros werden heute von Künstlergruppen genutzt,

Fort Canning Park

die Battlebox *(siehe S. 44)* in den Bunkern dient als Kriegsmuseum, auf den Wiesen des Parks finden Konzerte statt *(siehe S. 47)*.

9 Marina Bay

Nach jahrzehntelanger Landgewinnung erweitert die Marina Bay heute das Gebiet von Civic District, Financial District und Kampong Glam in südlicher und östlicher Richtung. Der Singapore River mündet in die »Bay«, die eigentlich ein Süßwasserreservoir ist – ein Damm hält das Meerwasser draußen. Rund herum liegen millionenschwere Attraktionen wie das Hotel Marina Bay Sands, die Esplanade-Bühnen und die Gardens by the Bay *(siehe S. 26f)*.

National Gallery Singapore

10 City Hall & Supreme Court

Karte M2 ■ St Andrew's Road

Das 1929 fertiggestellte Rathaus war Schauplatz bedeutender Ereignisse: 1945 unterzeichneten die Japaner die Kapitulation, 1959 proklamierte Premierminister Lee Kuan Yew Singapurs Selbstverwaltung, 1966 fanden hier die Festlichkeiten zum ersten Nationalfeiertag der Republik statt. Der Oberste Gerichtshof wurde 1932 errichtet. Trotz der gewaltigen Ausmaße wurden die Gebäude für die Regierung mit der Zeit zu klein – die Judikative hat ihren Sitz nun in einem modernen Bau hinter dem Supreme Court, die Stadtverwaltung ist in mehreren Neubauten untergebracht. Die alten Gebäude bergen seit 2015 die National Gallery Singapore *(siehe S. 40)*.

Spaziergang

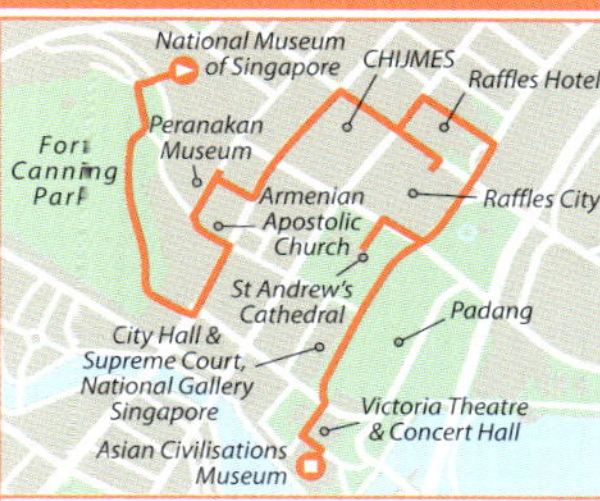

Vormittags

Beginnen Sie den Tag im **National Museum of Singapore**, wo Sie sich mit Geschichte und Kultur des Landes vertraut machen können. Nehmen Sie den rückwärtigen Ausgang und gehen Sie durch den **Fort Canning Park**, um den schönen Blick von dort zu genießen. Abwärts geht es Richtung Hill Street, wo links Singapurs älteste Kirche, die 1835 erbaute **Armenian Apostolic Church** *(siehe S. 38)*, einen Blick lohnt. Dahinter widmet sich das **Peranakan Museum** *(siehe S. 40)* der Kultur der Strait-Chinesen. Gehen Sie einen Block weiter zur Victoria Street und zum schönen **CHIJMES** *(siehe S. 43)* – in dem Kloster aus dem 19. Jahrhundert befinden sich heute Läden und Restaurants, wo Sie zu Mittag essen können.

Nachmittags

Nach dem Essen stöbern Sie ein wenig durch die schicken Läden von **Raffles City** *(siehe S. 63)*. Auf der anderen Seite der Bras Basah wartet das **Raffles Hotel** auf Ihren Besuch – gönnen Sie sich einen Singapore Sling in der Long Bar. Vom Haupteingang an der Beach Road geht es dann nach rechts zur nostalgischen **St Andrew's Cathedral** *(siehe S. 43)* und zum geschichtsträchtigen **Padang** *(siehe S. 45)*. Rechts liegen **City Hall & Supreme Court**. Verbringen Sie den restlichen Nachmittag dort in der **National Gallery Singapore** *(siehe S. 40)* oder gehen Sie, vorbei an **Victoria Theatre & Concert Hall**, weiter bis zum **Asian Civilisations Museum**.

Siehe Karte S. 88

Shopping

1 Bugis Street Market

Karte G5 ■ 4 New Bugis St ■ tägl. 10–22 Uhr

Auf dem Markt drängen sich Stände mit verschiedensten Souvenirs.

2 Supermama

Karte L1 ■ National Museum of Singapore, 93 Stamford Rd ■ +65 9615-7473 ■ tägl. 10–19 Uhr

Der Geschenkeladen des Nationalmuseums *(siehe S. 12f)* führt Souvenirs, Heimtextilien und Kleidungsstücke mit Lokalkolorit – nostalgisch angehaucht oder mit heiterer Note.

3 Raffles Boutique

Karte M1 ■ #01-26 Raffles Arcade, 328 North Bridge Rd ■ +65 6337-1886 ■ tägl. 10–20 Uhr

Sämtliche Artikel – vom T-Shirt bis zum Speiseporzellan – tragen das berühmte Emblem des Raffles Hotel *(siehe S. 30f)*.

4 Cathay Photo

Karte L2 ■ Peninsula Plaza, 111 North Bridge Rd ■ +65 6337-4274 ■ Mo–Sa 10–19 Uhr

Der Laden bietet Hobbyfotografen gute Qualität zu guten Preisen.

5 Funan

Karte L2 ■ 107 North Bridge Rd ■ +65 6970-1668

Die große Mall beheimatet eine Reihe Läden internationaler Marken *(siehe S. 62)*.

6 The Gallery Store

Karte M2 ■ National Gallery Singapore, 1 St Andrew's Rd ■ +65 8869-6970 ■ tägl. 10–19 Uhr

Der Laden der National Gallery bietet stilvolle Souvenirs, darunter Kleidung, Accessoires und Heimdekor, sowie eine gute Auswahl an Kunstbüchern für Erwachsene und Kinder.

7 CYC The Custom Shop

Karte M2 ■ #01-12/13/14 Capitol Singapore, 13 Stamford Rd ■ +65 6336-3556 ■ tägl. 11–20 Uhr

Ein gutes Auge fürs Detail macht den Hemdenschneider zu einem der besten der Stadt.

8 Royal Selangor

Karte N2 ■ #01-370 Suntec City, 3 Temasek Blvd ■ +65 6822-1559

Schon seit 1885 verkauft das Unternehmen Krüge, Vasen, Wandteller und andere Stücke aus Zinn – inzwischen weltweit.

9 Arch

Karte M3 ■ #B1-13 Capitol Singapore, 13 Stamford Rd ■ +65 6338-0161 ■ tägl. 11.30–20.30 Uhr

Wer ganz besondere Souvenirs wie kunstvolle Holzeinlegearbeiten von Singapurs Wahrzeichen sucht, wird in diesem reizvollen Laden fündig.

10 Bugis Junction & Bugis+

Karte G5 ■ 200 & 201 Victoria St ■ tägl. 10–22 Uhr

Eine Brücke verbindet die beiden Malls, die hippe Mode und auch eine gute Auswahl an Cafés und Imbissläden bieten.

Bugis Junction & Bugis+

Restaurants

Preiskategorien
Preis für ein Drei-Gänge-Menü pro Person mit einem alkoholfreien Getränk, inkl. Steuern und Service.

$ unter 30 S$ $$ 30–70 S$ $$$ über 70 S$

1 Morton's The Steakhouse

Karte N2 ■ Mandarin Oriental, 5 Raffles Ave ■ +65 6339-3740 ■ Mo–Sa 17.30–23 Uhr, So 12–15 & 17.30–21 Uhr ■ Reservierung empfohlen ■ www.mandarinoriental.com ■ $$$

Das klassische Steakhouse bietet neben dem Hauptraum auch drei Separees *(siehe S. 58)*.

2 National Kitchen by Violet Oon

Karte M2 ■ #02-01 National Gallery, 1 St Andrew's Rd ■ +65 9834-9935 ■ tägl. 12–17 & 18–22.30 Uhr ■ www.violetoon.com ■ $$

Probieren Sie Gerichte wie Coronation Chicken auf Wantan-Blatt oder Beef *rendang (siehe S. 59)*.

3 Majestic Restaurant

Karte M5 ■ ■ #04-01 Marina One, 5 Straits View ■ +65 6250-1988 ■ tägl. 11.15–15 & 17.30–21.30 Uhr ■ www.restaurantmajestic.com ■ $$$

Im Herzen von Marina Bay lässt man sich beste kantonesische Gerichte schmecken *(siehe S. 58)*.

4 Tiffin Room

Karte M1 ■ 1 Beach Rd ■ +65 6412-1816 ■ tägl. 12–14 & 18.30–21.30 Uhr ■ $$$

Der Name des nordindischen Restaurants im Raffles Hotel meint das leichte indische Mittagessen, es gibt aber auch Dinner *(siehe S. 30)*.

5 Mikuni

Karte M1/M2 ■ Fairmont Singapore, 80 Bras Basah Rd ■ +65 6431-6156 ■ Mo–Sa 12–14.30 & 18–22 Uhr ■ www.fairmont.com/singapore ■ $$$

Genießen Sie tolle japanische Küche in edlem Ambiente *(siehe S. 58)*.

6 Rang Mahal

Karte N2 ■ Pan Pacific Singapore, 7 Raffles Blvd ■ +65 6333-1788 ■ Di–Fr & So 12–14.30 & 18–22 Uhr, Sa 18–22 Uhr ■ www.rangmahal.com.sg ■ $$$

Das berühmte Lokal bietet Köstliches aus ganz Indien *(siehe S. 59)*.

7 Prego

Karte M1 ■ Fairmont Singapore, 80 Bras Basah Rd ■ +65 6431-6156 ■ tägl. 12–22.30 Uhr ■ $$

Besonders beliebt sind hier die Pizzas mit knusprig dünnem Boden.

8 Lei Garden

Karte M1 ■ #01-24 CHIJMES, 30 Victoria St ■ +65 6339-3822 ■ tägl. 11.30–15.30 & 18–23 Uhr ■ $$

Das Lokal im historischen CHIJMES-Komplex *(siehe S. 43)* bietet echte Kanton-Küche.

Im CUT

9 CUT

Karte P4 ■ #B1-71 The Shoppes at Marina Bay Sands ■ +65 6688-8517 ■ tägl. 17.30–23 Uhr ■ www.marinabaysands.com ■ $$$

Der Service steht dem tollen Essen hier in nichts nach *(siehe S. 59)*.

10 Summer Pavilion

Karte N2 ■ The Ritz-Carlton, 7 Raffles Ave ■ +65 6434-5286 ■ tägl. 11.30–14.30 & 18.30–22.30 Uhr ■ www.ritzcarlton.com ■ $$$

Die feine Küche hat sich ihren Stern wahrlich verdient *(siehe S. 59)*.

Siehe Karte S. 88 ←

TOP 10 Orchard Road

Der Name erinnert an die Plantagen, wo ab den 1830er Jahren Obst, Muskatnuss, Pfeffer und andere Gewürze angebaut wurden. Mitte des 19. Jahrhunderts fielen die Pflanzen einer Krankheit zum Opfer und die Gegend wurde zum Wohngebiet. Zur Versorgung der ansässigen Chinesen, Maleien, Inder, Juden und Europäer entstanden viele Geschäfte und ab den 1950er Jahren war die Orchard Road Singapurs Einkaufsviertel.

Gouverneursresidenz Istana

1 Istana & Sri Temasek

Karte D3/D4 ■ Orchard Road ■ www.istana.gov.sg

Die Gouverneursresidenz Istana galt erst als zu teuer, überzeugte nach Fertigstellung 1869 aber auch die Kritiker. Heute wird der Palast nur noch für Staatsempfänge genutzt. Der kleinere Sri Temasek wurde für Kolonialbeamte erbaut *(siehe S. 43)*.

Bunte Häuser an der Emerald Hill Road

2 Emerald Hill Road

Karte C4/C5

Im Vergleich zur Orchard Road ist es hier sehr ruhig. In den schön restaurierten Peranakan-Reihenhäusern wohnen nun Millionäre. Die Gebäude der Straße reichen von einfachen Häusern aus dem 19. Jahrhundert über Vorkriegsbauten in opulentem chinesischen Terrassenstil bis zu Art-déco-Varianten von Shophouses aus den 1950er Jahren.

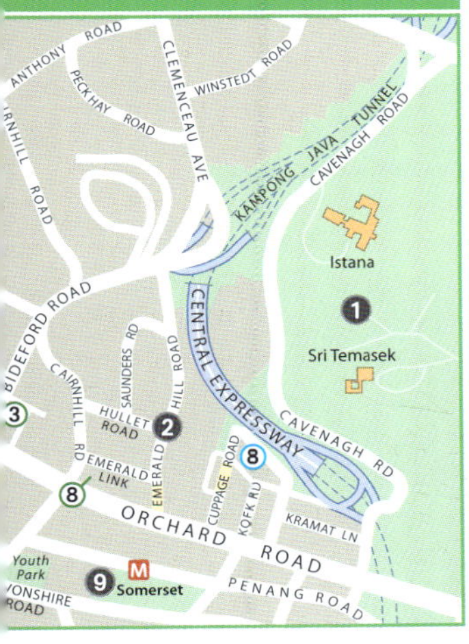

3 Tangs

Karte B4 ■ 310 Orchard Rd ■ +65 6737-5500 ■ Mo–Sa 10.30–21.30 Uhr, So 11–20.30 Uhr ■ www.tangs.com

Das Kaufhaus – ein Singapurer Original – erwuchs aus den Träumen eines Hausierers, der 1923 aus China gekommen war. Die Truhe, in der C. K. Tang, auch »Tin Trunk Man« genannt, seine Waren umhertrug, wurde später zum Markenzeichen. 1958 erwarb Tang das Grundstück in hervorragender Lage zu den Wohnhäusern der Europäer. Die Familie ist noch immer in Besitz von Haus und Grund – mittlerweile an einer der belebtesten Kreuzungen der Stadt. In der großen Shoppingmall VivoCity *(siehe S. 62)* gibt es eine Filiale von Tangs.

4 Ngee Ann City

Karte B4–C5 ■ 391 Orchard Rd ■ +65 6506-0461 ■ tägl. 10–22 Uhr ■ www.ngeeanncity.com.sg

Die imposante Shoppingmall der gemeinnützigen Clan-Organisation Ngee Ann Kongsi war bei der Eröffnung im Jahr 1993 der größte Einzelhandelskomplex des Landes und beherbergte das größte Kaufhaus. Auch heute noch macht es an der Orchard Road einen majestätischen Eindruck. Hauptpächter des Hauses ist der japanische Einzelhandelsriese Takashimaya. Neben tollen Läden wie Books Kinokuniya, dem größten Buchladen in ganz Singapur *(siehe S. 98)*, beheimatet die Mall auch über 30 Restaurants.

Shoppingmall Ngee Ann City

Straßenkunst in der Orchard Road

5 Straßenkünstler

Karte A4 – E5 ■ Orchard Road

Singapur hat im Jahr 2000 die Bestimmungen für Straßenkunst gelockert und damit Musikern, Komikern und Zauberern den Weg geebnet. Diverse Straßenmusikfestivals locken nun einige der besten Straßenkünstler aus aller Welt hierher. Dafür wurden sogar die Gehwege der Orchard Road verbreitert und spezielle Auftrittsflächen geschaffen. Das Singapore Tourism Board *(siehe S. 113)* informiert über anstehende Straßenevents.

6 Singapore Botanic Gardens

Die wunderbaren Gärten zeigen Besuchern die landwirtschaftlichen Wurzeln des Gebiets und erinnern die Bewohner daran, dass die ganze Gegend einst von üppigem Tropenwald bewachsen war. Der Park ist morgens vor allem bei Joggern beliebt, nachmittags kommen Fotografen her und an Wochenenden die Familien, die u. a. den Jacob Ballas Children's Garden besuchen wollen. An den Seen werden Konzerte und Filmvorführungen geboten *(siehe S. 24f)*.

Orchidee, Singapore Botanic Gardens

7 Goodwood Park Hotel

Karte B3 ■ 22 Scotts Rd

Das 1900 erbaute Haus beheimatete zunächst den Teutonia Club und war eine Enklave deutscher Auswanderer. Als Goodwood Park Hotel beherbergte es ab 1929 vor allem Geschäftsleute von der Malaiischen Halbinsel. Es überstand beide Weltkriege und konnte seine Schönheit bewahren – die kannelierten Säulen und anmutigen Torbogen, der Stuck und die filigranen Holzarbeiten wurden sorgsam restauriert. Die Restaurants des Luxushotels *(siehe S. 114)* sind preisgekrönt.

Stamford Canal

Die Malls der Orchard Road sitzen auf einem riesigen Kanal, der Regenwasser ableitet und die Gegend während des Monsuns vor Überflutung schützt. Der Stamford Canal beginnt an der Tanglin Road, fließt unter Wisma Atria und Ngee Ann City hindurch und an der City Hall vorbei in die Marina Bay.

Goodwood Park Hotel

8 Crossroads Café

Karte B4 ■ Singapore Marriott Tang Plaza, 320 Orchard Rd ■ +65 6831-4605 ■ tägl. 7–24 Uhr (Fr & Sa bis 2 Uhr) ■ www.singaporemarriott.com

Das Straßencafé Ecke Orchard Road und Scotts Road eignet sich hervorragend zum Leutebeobachten. Die Gehwege an der belebtesten Kreuzung Singapurs sind immer voller Menschen. Jeder Besucher der Stadt scheint hier vorbeizukommen, dazu die Einheimischen, die in den nahen Malls einkaufen. Das Café ist bei Teenagern beliebt. Am Wochenende verbringen Dienstmädchen hier gern ihre Freizeit.

Skateboarden im Skate Park

9 Skate Park & *SCAPE

Karte C5 ■ 2 Orchard Link ■ www.scape.sg

Im Skate Park herrscht bis spät in die Nacht Leben; im angrenzenden *SCAPE freut sich die Jugend über die Stände des Marketplace, kostenlose Konzerte und andere Events. Auch das benachbarte Cathay Cineleisure lockt mit seinen Filmen junge Einheimische in Scharen an.

10 Tanglin Mall

Karte S3 ■ 163 Tanglin Rd

Singapurs Ausländer schätzen die als »Expat-Enklave« bekannte Mall für ihre große Auswahl importierter Lebensmittel und Spezialitäten. Die Botschaften der USA und Großbritanniens liegen gleich in der Nähe.

Spaziergang

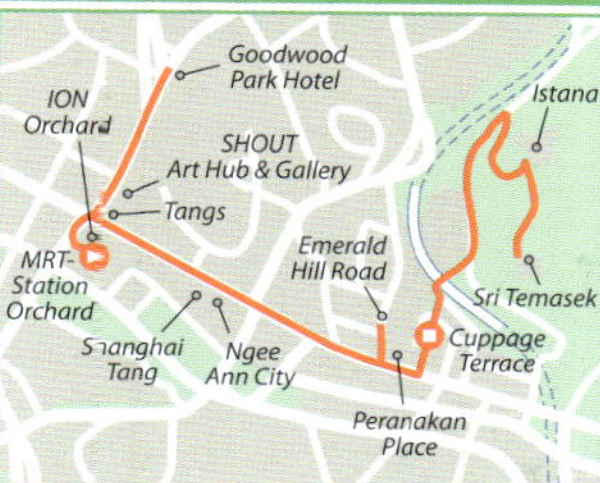

Vormittags

Ihre Tour beginnt an der **MRT-Station Orchard**, wo schon die Shoppingmall **ION Orchard** *(siehe S. 63)* mit angesagter Mode und Designerware lockt. Gönnen Sie sich einen Blick vom Aussichtsdeck im 56. Stock, bevor Sie sich zum gegenüberliegenden Kaufhaus **Tangs** aufmachen. Von dort geht es die Scotts Road entlang zu **SHOUT Art Hub & Gallery** *(siehe S. 98)* und dem eleganten **Goodwood Park Hotel**. Wieder auf der Orchard Road steuern Sie sogleich die nächste Mall an: **Ngee Ann City** birgt den riesigen Buchladen Kinokuniya, aber auch edle Modeläden wie **Shanghai Tang** *(siehe S. 98)*, bekannt für modernes chinesisches Design. Ein Stück weiter auf der Orchard Road liegt linker Hand **Peranakan Place**. Hier können Sie beim Mittagssnack in einem der Cafés entspannt Passanten beobachten.

Nachmittags

Nach der Mittagspause werfen Sie einen Blick in die **Emerald Hill Road**, um die schön restaurierten Peranakan-Shophouses zu bewundern. Nr. 5 ist noch weitgehend original erhalten. Vielleicht vertreiben Sie sich in den Malls und Läden der Orchard Road noch ein wenig die Zeit, bis Sie über Cuppage Road und Cavenagh Road zu **Istana & Sri Temasek** schlendern. Für einen abschließenden Drink auf dem Rückweg bietet sich **Cuppage Terrace** an, wo Sie sich unter vergnügte Expats mischen können.

Siehe Karte S. 94f

Shopping

Shanghai Tang führt asiatisch inspirierte Designs

1 Tangs

Singapurs ureigenes Kaufhaus bietet beständig ein breites Sortiment internationaler und einheimischer Mode *(siehe S. 95)*.

2 Takashimaya

Karte B4 ■ Ngee Ann City, 391 Orchard Rd ■ +65 6738-1111 ■ tägl. 10–21.30 Uhr

Einer der größten und ältesten Einzelhändler Japans führt Kleidung, Kosmetik und Haushaltswaren.

3 Paragon

Diese Mall richtet sich mit Boutiquen von Armani, Calvin Klein, Gucci und ähnlichen Luxuslabels vor allem an die wohlhabende Kundschaft *(siehe S. 63)*.

4 Books Kinokuniya

Karte B4 ■ #04-20 Ngee Ann City, 391 Orchard Rd ■ +65 6737-5021 ■ tägl. 10–21.30 Uhr (Sa bis 22 Uhr)

Der namhafte Buchladen verfügt über eine tolle Auswahl – Belletristik, Sachbücher, Zeitschriften und eine Reihe fremdsprachiger Titel.

5 Naga Arts & Antiques

Karte A4 ■ #01-48 Tanglin Shopping Centre, 19 Tanglin Rd ■ +65 6235-7084 ■ Mo–Sa 10.30–17.30 Uhr

Möbel aus Tibet, Buddha-Figuren aus Burma und Textilien aus China laden hier Schnäppchenjäger zum Stöbern ein.

6 Shanghai Tang

Karte B4 ■ #03-06 Ngee Ann City ■ +65 6737-3537 ■ tägl. 10–21.30 Uhr

Die Luxusmarke für Mode, Heimtextilien und Wohndekor ist vom modischen Erbe Chinas inspiriert.

7 Charles & Keith

Karte C5 ■ #02-46, 313@Somerset, 313 Orchard Rd ■ +65 6509-5040 ■ tägl. 11–22 Uhr

Das Singapurer Label hat sich auf Schuhe, Taschen und Gürtel für Damen spezialisiert.

8 Design Orchard

Karte C5 ■ 250 Orchard Rd ■ +65 6513-1743 ■ tägl. 10.30–21.30 Uhr (Sa bis 22.30 Uhr)

Hiesige Designer verkaufen im Laden der Werkstätte ihre Mode, Haushaltswaren und Souvenirs.

9 SHOUT Art Hub & Gallery

Karte B4 ■ Scotts Square, 6 Scotts Rd ■ +65 8909-8024 ■ tägl. 11–19 Uhr

Die hier gebotene Pop-Art stammt von heimischen und internationalen Künstlern.

10 T Galleria by DFS

Karte B4 ■ 25 Scotts Rd ■ +65 6229-8100 ■ tägl. 11–20 Uhr (Fr & Sa bis 21 Uhr)

Der weltgrößte Duty-free-Händler für Luxusartikel liefert Ihre Einkäufe direkt zum Flughafen.

Restaurants

Preiskategorien
Preis für ein Drei-Gänge-Menü pro Person mit einem alkoholfreien Getränk, inkl. Steuern und Service.

$ unter 30 S$ $$ 30–70 S$ $$$ über 70 S$

1 Les Amis

Karte B4 ■ #01-16 Shaw Centre, 1 Scotts Rd ■ +65 6733-2225 ■ tägl. 12–14.30 & 19–22 Uhr ■ $$$

Die moderne französische Küche ist mehrfach preisgekrönt.

2 Crystal Jade Palace

Karte B4 ■ #04-19 Ngee Ann City, 391 Orchard Rd ■ +65 6735-2388 ■ tägl. 11–14.30 (Sa & So 10.30–15) & 18–23 Uhr ■ $$

Das Flagship-Restaurant der Kette serviert kantonesische Gerichte.

3 mezza9

Karte B4 ■ Grand Hyatt, 10 Scotts Rd ■ +65 6732-1234 ■ tägl. 12–14.30 & 18–22 Uhr ■ $$$

In dem Restaurant – mit Patisserie und Martini-Bar – stehen asiatische und westliche Küche zur Wahl.

4 Patara Fine Thai

Karte S3 ■ #03-14 Tanglin Mall, 163 Tanglin Rd ■ +65 6737-0818 ■ tägl. 12–15 & 18–22.30 Uhr ■ $$

Interessante asiatische Gerichte mit westlichem Touch ergänzen die authentische Thaiküche.

Meeresfrüchtebüfett in The Line

5 The Line

Karte A3 ■ Shangri-La Hotel, 22 Orange Grove Rd ■ +65 6213-4275 ■ tägl. 12.30–21.30 Uhr (Lunchbüfett bis 14.30 Uhr, Dinnerbüfett ab 18 Uhr) ■ $$$

Das Büfett bietet nahezu alles, man kann aber auch à la carte essen.

6 StraitsKitchen

Karte B4 ■ Grand Hyatt, 10 Scotts Rd ■ +65 6732-1234 ■ tägl. 7.30–22.30 Uhr ■ $$

An den großartigen Büfetts steht Gästen das Beste aus Peranakan-, chinesischer, malaiischer und indischer Küche zur Wahl.

7 Hua Ting Restaurant

Karte A3, A4 ■ Orchard Hotel, 442 Orchard Rd ■ +65 6739-6666 ■ tägl. 11.30–14.30 & 18–22 Uhr (Sa & So ab 11 Uhr) ■ $$

Die Auswahl an köstlichen Dim Sum und authentisch kantonesischen Gerichten ist groß und reizvoll.

8 Tandoor North Indian Restaurant

Karte D5 ■ Holiday Inn Orchard City Centre, 11 Cavenagh Rd ■ +65 6733-8333 ■ tägl. 12–14.30 & 19–22.30 Uhr ■ $$

In diesem preisgekrönten Lokal kann man fantastische nordindische Küche genießen.

9 Tambuah Mas

Karte A4 ■ #04-10 Tanglin Shopping Centre, 19 Tanglin Rd ■ +65 6733-3333 ■ tägl. 11–22 Uhr ■ $$

Das Restaurant versorgt die Singapurer seit fast 30 Jahren mit indonesischer Hausmannskost. In der Shoppingmall Paragon *(siehe S. 63)* gibt es ein jüngeres Schwesterlokal.

10 LingZhi

Karte B4 ■ #05-01 Liat Towers, 541 Orchard Rd ■ +65 6734-3788 ■ tägl. 11–15 & 18–22 Uhr ■ $$

Für die raffinierten vegetarischen Gerichte chinesischer Art kommen ungewöhnliche Zutaten und Gewürze zum Einsatz.

Siehe Karte S. 94f

TOP 10 Abstecher

Singapur ist nur ca. 725 Quadratkilometer groß, die Küste 193 Kilometer lang. Das urbane Zentrum sitzt an der Südspitze der Insel. Die Wohngebiete am Stadtrand mit ihren niedrigen Häusern und Läden für traditionelle Gewerbe stammen aus der Vorkriegszeit. Dahinter liegen die New Towns mit hohen Apartmenthäusern, Betrieben, Schulen und anderen Einrichtungen. Das MRT-Liniennetz verbindet den Großteil der New Towns mit der Stadt.

Henderson Waves

1 Southern Ridges

Karte S3 ■ Henderson Road ■ www.nparks.gov.sg

An der Südwestküste der Insel liegen vier Parks: Mount Faber Park, Telok Blangah Hill Park, Kent Ridge Park und West Coast Park. Die Brücken, die sie verbinden – nicht zuletzt die spektakuläre Henderson Waves –, bieten großartige Blicke auf Sentosa und den Westen der Stadt *(siehe S. 46)*.

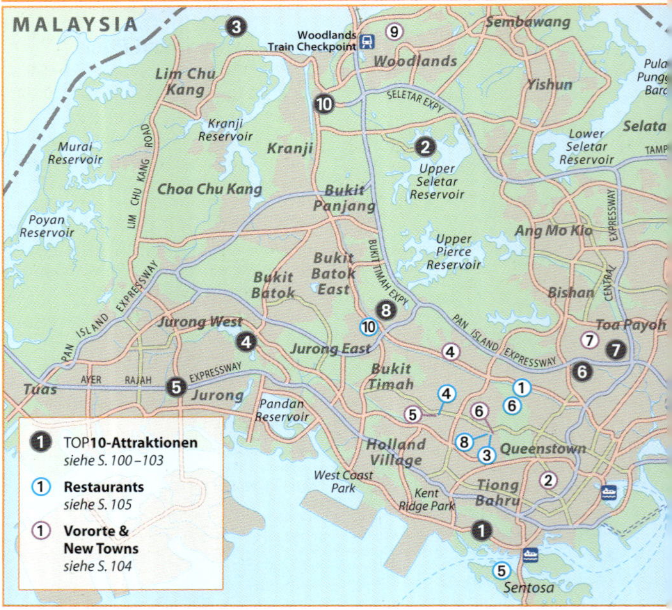

❶ **TOP10-Attraktionen** *siehe S. 100–103*
① **Restaurants** *siehe S. 105*
① **Vororte & New Towns** *siehe S. 104*

Großer Panda, River Wonders

② Singapore Zoo, Night Safari & River Wonders

Karte S1 ■ 80 Mandai Lake Rd ■ +65 6269 3411 ■ jeweils Eintritt ■ www.mandai.com

Die Einrichtungen im Norden sind von der Stadt aus in einer Stunde zu erreichen. Die älteste, der Zoo, bietet große Freigehege und Führungen, die Night Safari zeigt nachtaktive Tiere in neuer Weise und River Wonders widmet sich der Tierwelt entlang der großen Flüsse der Welt.

③ Sungei Buloh Wetland Reserve

Karte R1 ■ 301 Neo Tiew Cres ■ +65 6794-1401 ■ tägl. 7–19 Uhr ■ www.nparks.gov.sg

Eine Reihe von Pfaden und Stegen führt durch Mangrovensümpfe und Wattgebiete, in der eine vielfältige Tierwelt zu Hause ist. Im Besucherzentrum ist ein Film über die Geschichte des Parks zu sehen *(siehe S. 46)*.

④ Chinese Garden & Japanese Garden

Karte R2 ■ 1 Chinese Garden Rd ■ tägl. ab 5.30 Uhr, Chinese Garden bis 23 Uhr, Japanese Garden bis 19 Uhr

Wie in einem kaiserlichen Garten fügen sich im Chinese Garden Bogenbrücken, Zwillingspagoden und Mondtore zwischen Bambushainen, Bäumen und blühenden Sträuchern ein. Der im Suzhou-Stil gehaltene Innenhof ist Kulisse für die Bonsai-Sammlung. Der benachbarte Japanese Garden zeigt minimalistischen Zen-Stil. Die Landschaftsgestaltung ruft zur Einkehr auf *(siehe S. 46)*.

⑤ Jurong Bird Park

Karte R2 ■ 2 Jurong Hill ■ +65 6265-0022 ■ tägl. 8.30–18 Uhr ■ Eintritt ■ www.birdpark.com.sg

Der Park führt die unglaubliche Vielfalt der südostasiatischen Vogelwelt vor Augen. Hier kann man beim Bestaunen der weltgrößten begehbaren Voliere und anderer Attraktionen problemlos einen halben Tag verbringen. Der Vogelpark soll bald ins Mandai Wildlife Reserve nahe dem Zoo und den anderen Wildparks verlegt werden.

Riesentukane im Jurong Bird Park

Sun Yat Sen Nanyang Memorial Hall mit der Statue des Staatsmanns

6 Sun Yat Sen Nanyang Memorial Hall

Karte T2 ■ 12 Tai Gin Rd ■ +65 6256-7377 ■ Di–So 10–17 Uhr ■ Eintritt ■ www.sysnmh.org.sg

Der Bungalow aus dem 19. Jahrhundert war Privatresidenz eines Singapurer Geschäftsmanns, bis der ihn dem chinesischen Revolutionär Dr. Sun Yat-sen als Hauptquartier für dessen Aktivitäten in Südostasien stiftete. Als Dr. Suns Kuomintang-Partei 1911 Chinas Qing-Dynastie ein Ende setzte, wurde das Haus der örtlichen Chinese Chamber of Commerce übereignet. Heute ist es nationales Wahrzeichen und denkmalgeschützt. Eine Ausstellung dokumentiert die revolutionären Aktivitäten von Dr. Sun und beleuchtet die Auswirkungen der Xinhai-Revolution von 1911 auf Singapur wie auch die Rolle, die die Stadt bei den gesellschaftlichen Umwälzungen spielte.

Garden City

In den 1960er Jahren wurde Singapurs damaligem Premierminister Lee Kuan Yew der Wert der Natur bewusst, also bepflanzte man im Lauf der 1970er Jahre mehrere Flächen mit Narrabäumen und Bougainvilleen. Seither spielt die Natur bei der Stadtplanung immer eine Rolle. Dem National Parks Board unterstehen heute etwa 9500 Hektar Land, aufgeteilt in über 400 Parks.

7 Lian Shan Shuang Lin Monastery

Karte T2 ■ 184 Jalan Toa Payoh ■ +65 6259-6924 ■ tägl. 6.30–17 Uhr

Detail, Lian Shan Shuang Lin Monastery

Der Name des buddhistischen Klosters – mit 125 Jahren das älteste in ganz Singapur – bedeutet »Zwillingshain des Lotusbergtempels«. Seine drei Haupthallen – Hall of Celestial Kings, Mahavira Hall und Dharma Hall – zeigen den für die südchinesische Provinz Fujian typischen Stil. Zur Klosteranlage gehört auch eine siebenstöckige Granitpagode.

8 Bukit Timah Nature Reserve

Karte S2 ■ 177 Hindhede Dr ■ tägl. 7–19 Uhr ■ www.nparks.gov.sg

Das große, dem Erhalt der Artenvielfalt dienende Naturreservat bietet die seltene Gelegenheit, primären Regenwald nahe der Stadt zu erkunden. Die vier unterschiedlich anspruchsvollen Wanderwege erfordern je etwa zwei Stunden. Der Park ist Lebensraum vieler Vögel, Insekten und kleiner Säugetiere. Aktivitäten, die Flora und Fauna schaden, z. B. das Füttern der Langschwanzmakaken, sind verboten. Ein Besucherzentrum bietet Information, Toiletten und eine Erste-Hilfe-Station.

9 Pulau Ubin

Karte U1/V1 ■ Boote tägl. ab Sonnenaufgang ■ Chek Jawa: tägl. 8.30–18 Uhr ■ www.nparks.gov.sg

Die »Granitinsel« vor der Nordostküste Singapurs wird von Changi Point aus regelmäßig angefahren. Im Dorf nahe der Anlegestelle gibt es ein paar Restaurants. Hier kann man auch Fahrräder mieten, um die Insel zu erkunden; es gibt sogar eine ausgewiesene Mountainbikestrecke. Durch die Chek Jawa Wetlands führt ein Holzsteg, von dem aus man bei Ebbe Meerestiere entdecken kann.

Jejawi Tower, Pulau Ubin

10 Kranji War Memorial & Cemetery

Karte R1 ■ 9 Woodlands Rd ■ tägl. 7–18 Uhr

Rund 4000 Grabsteine markieren auf dem Friedhof über der Straße von Johor die Gräber von Briten, Australiern, Kanadiern, Indern und Malaien, die im Zweiten Weltkrieg gefallen sind. Ein Denkmal ist all jenen Soldaten gewidmet, deren sterbliche Überreste nie gefunden wurden.

Tagestour

Vormittags

Der Tag beginnt mit einem Frühstück in **Holland Village** *(siehe S. 104)*. Zur Wahl stehen trendige Cafés, nette Bäckereien oder der Holland Village Market nahe der MRT-Station. Beim Bummel durch die hiesigen Läden lässt sich die entspannte Atmosphäre des Viertels erleben. Lim's im Holland Road Shopping Centre ist bekannt für Peranakan-Zierrat und heimisches Kunsthandwerk. In den Chip Bee Gardens kann man im Atelier Ong Shunmugan asiatisch inspirierte Frauenmode des Singapurer Labels bewundern oder bei Bynd Artisan durch schöne Stücke aus Leder oder Papier stöbern.

Mit dem Taxi oder dem Bus (Linie 75, 77 oder 106 ab Holland Road) geht es dann für ein Mittagessen im Grünen nach **Dempsey Hill** *(siehe S. 104)*.

Nachmittags

Nach dem Essen stehen die **Southern Ridges** auf dem Programm, wo man durch grünen Dschungel wandern kann. Nehmen Sie ein Taxi oder den Bus zur nächsten MRT-Station und fahren Sie bis HarbourFront. Dort können Sie in der Mall **VivoCity** *(siehe S. 62)* noch Erfrischungen besorgen, bevor Sie sich den **Marang Trail** vornehmen. Der Pfad führt Sie zunächst auf den **Mount Faber**, wo sich tolle Ausblicke bieten, und weiter gen Westen zur Brücke **Henderson Waves**, wo die Abenddämmerung für eine ganz besondere Stimmung sorgt.

Siehe Karte S. 100f ←

Vororte & New Towns

Geylang
Karte T2

Der alte, von Urlaubern kaum besuchte Vorort erscheint wie eine rauere Version von Chinatown. Das nahe Geylang Serai ist dagegen stark malaiisch geprägt.

Tiong Bahru
Karte S3

In dem schon vor dem Zweiten Weltkrieg entstandenen Viertel sorgen restaurierte Art-déco-Bauten und der Zustrom von Künstlern für einen reizvollen Mix aus Alt und Neu. Das Hawker Center lohnt den Besuch.

Katong / Joo Chiat
Karte T2

Die zwei Schmelztiegel chinesischer, eurasischer, indischer, malaiischer und Peranakan-Kultur sind in Sachen Essen echte Schatzkammern.

Traditionelle Häuser in Katong

Bukit Timah
Karte S2

Der ausgedehnte Vorort verfügt über mehrere Naturpfade – darunter der Wanderweg auf Singapurs höchsten Hügel. Restaurants gibt es an Sixth Avenue und Greenwood Avenue.

Holland Village
Karte S3

Diese echte »Expat-Enklave« hat eine Reihe interessanter Läden mit asiatischer Kunst, Geschenken und Wohndekor zu bieten. In den schicken Straßencafés und Bars sitzen Anwohner verschiedenster Nationalitäten zusammen.

Dempsey Hill
Karte S2

In den ehemaligen Militärbaracken nahe dem Botanischen Garten kann man prima nach Kunst, Antiquitäten, Teppichen und anderen zierenden Objekten stöbern. Cafés, Bars und Restaurants der Gegend sind abends und an Wochenenden gut besucht.

Toa Payoh
Karte T2

Dieser Inbegriff einer New Town liegt zentral, ist mit Hochhäusern vollgepackt und bietet seinen Bewohnern eine lebhafte Shoppingmall. Viele der Läden gibt es hier schon seit Jahrzehnten.

Changi Point
Karte V1

Der ländliche Ort am Meer hat ein offenes Hawker Center, einen Golfplatz, einen Strand für Wassersport und einen Fährhafen, von dem Boote nach Pulau Ubin ablegen.

Woodlands
Karte S1

Der Malaysia nächstgelegene Ort Singapurs verfügt über eine bemerkenswert große Shoppingmall. Vielleicht liegt das an der großen amerikanischen Gemeinde, die sich rund um die Singapore American School angesiedelt hat.

Pasir Ris
Karte U1/U2

Dank der Lage am Meer bietet die moderne New Town Strände und Strandparks, Wassersport und Familienaktivitäten sowie offene Hawker Center und Straßenlokale.

Restaurants

Preiskategorien
Preis für ein Drei-Gänge-Menü pro Person mit einem alkoholfreien Getränk, inkl. Steuern und Service.

$ unter 30 S$ $$ 30–70 S$ $$$ über 70 S$

1 Atout

Karte S3 ■ 40C Harding Rd ■ +65 8799-4567 ■ Mo–Do 12–22.30 Uhr, Fr & Sa 12–23 Uhr ■ $$$

Das französische Restaurant unter der Leitung von Küchenchef Patrick Heuberger ist auf *charcuterie* spezialisiert, bietet aber auch Seafood-, Fleisch- und vegetarische Gerichte.

2 Long Phung Vietnamese

Karte T3 ■ 159 Joo Chiat Rd ■ +65 6440-6959 ■ tägl. 12–23 Uhr ■ $

Dieses schlichte Lokal im lebhaften Joo Chiat ist bis spät in die Nacht voller Leute. Die Gerichte sind großzügig bemessen und sehr scharf – Spezialität ist *pho*, eine Nudelsuppe.

3 Samy's Curry

Karte S3 ■ 25 Dempsey Rd ■ +65 6472-2080 ■ Mi–Mo & Feiertage 11–15 & 18–22 Uhr ■ $

Das indische Restaurant liegt in einer offenen Halle inmitten von Bäumen. Probieren Sie Fischkopfcurry oder Chicken Masala.

4 Original Sin

Karte S3 ■ #01-62 Chip Bee Gardens, 43 Jalan Merah Saga, Holland Village ■ +65 6475-5605 ■ tägl. 11.30–14.30 & 18–22.30 Uhr ■ $$

Edle Weine ergänzen die leichten vegetarischen, aus frischen Zutaten und Kräutern bereiteten mediterranen Gerichte.

5 TungLok Heen

Karte S3 ■ Hotel Michael, Resorts World Sentosa ■ +65 6884-7888 ■ tägl. 11.30–15 & 18–22 Uhr ■ www.tunglokheen.com ■ $$$

Die chinesische Küche des Restaurants ist ein ganz besonderer Genuss *(siehe S. 58)*.

6 Grand Shanghai

Karte T3 ■ 390 Havelock Rd ■ +65 6836-6866 ■ Di–So 11.30–14.30 & 18.30–22.30 Uhr ■ $$

Genießen Sie Shanghai-Klassiker in 1920er-Jahre-Ambiente. Besonders beliebt sind hier die Dim Sum.

Sri-Lanka-Krabbe, Long Beach Seafood

7 Long Beach Seafood

Karte U3 ■ East Coast Seafood Centre, 1202 East Coast Parkway ■ +65 6448-3636 ■ tägl. 11–23 Uhr ■ $$

Das Lokal ist berühmt für seine Sri-Lanka-Krabben in Pfeffersauce, serviert aber auch sehr gute Fleischgerichte.

8 Candlenut

Karte S3 ■ 17A Dempsey Rd ■ +65 6486-1051 ■ tägl. 12–15 & 18–22 Uhr ■ www.comodempsey.sg ■ $$$

Genießen Sie die Küche der Straits-Chinesen à la carte oder als Degustationsmenü *(siehe S. 59)*.

9 Chilli Padi Nonya Restaurant

Karte T2 ■ 11 Joo Chiat Pl ■ +65 6275-1002 ■ tägl. 11.30–14.30 & 17.30–22 Uhr ■ $

Das preisgekrönte Lokal bietet eine reizvolle Auswahl an Gerichten aus der einzigartigen Peranakan-Küche.

10 Al Azhar

Karte S2 ■ 11 Cheong Chin Nam Rd, Bukit Timah ■ +65 6466-5052 ■ rund um die Uhr ■ $

Das Lokal nahe dem Bukit Timah Nature Reserve serviert *Mughlai*-Küche wie im indischen Mogulreich.

Siehe Karte S. 100f

Reise-Infos

Traditionelles Peranakan-Shophouse in Chinatown

Anreise &
In Singapur unterwegs 108

Praktische Hinweise 110

Hotels 114

Textregister 120

Bildnachweis & Impressum 127

Anreise & In Singapur unterwegs

Flugreisen

Der **Changi Airport** wird von über 100 Fluggesellschaften aus aller Welt angesteuert, auch von Lufthansa, Austrian und Swiss. Es gibt Direktflüge von vielen europäischen Großstädten, z. B. auch von Frankfurt am Main, München und Zürich. Die landeseigene Fluggesellschaft **Singapore Airlines** bedient auch Europa. Billigfluglinien wie Scoot, JetStar und Air Asia verkehren in der asiatischen Pazifikregion.

Singapurs Flughafen hat vier Terminals. Er zählt zu Asiens größten und wird regelmäßig in die Liste der weltbesten gewählt. Viele Passagiere checken extra früh ein, um die tollen Angebote zu nutzen.

Vom Changi Airport ins Zentrum – rund 17 Kilometer – gelangt man mit Singapurs MRT, per Taxi oder per Bustransfer City Shuttle, der alle 15 bis 30 Minuten die wichtigsten Hotels der Stadt ansteuert. Lösen Sie ein Ticket im Bus oder besorgen Sie sich vorher eine EZ-Link Card bzw. den Singapore Tourist Pass. Die Fahrt mit MRT dauert etwa eine Stunde, die mit Shuttlebus eine halbe. Ein Taxi braucht vielleicht 25 Minuten.

Zugreisen

Reisende fahren zunächst den Bahnhof Johor Bahru Sentral in Malaysia an. Von dort geht es mit Zügen von **KTMB** (Keretapi Tanah Melayu Berhad) nach Singapur und zum Bahnhof Woodlands im Norden der Insel. Ins Stadtzentrum gelangt man mit MRT oder Taxis. Ein besonderes Reiseerlebnis bietet der opulente Eastern & Oriental Express von **Belmond**, der ein- bis zweimal im Monat zwischen Bangkok und Singapur verkehrt.

Busreisen

Viele Langstreckenbusse fahren von Malaysia direkt nach Singapur; die Zielhaltestellen variieren je nach Unternehmen, liegen aber in der Regel recht zentral und sind auch gut ans öffentliche Verkehrsnetz angebunden.

Wer mit dem Fernbus im malaysischen Johor Bahru ankommt, fährt weiter bis Woodlands oder Kranji, die ans MRT-Netz angeschlossen sind. An der Grenze muss man den Bus verlassen und für die Weiterfahrt in Singapur in einen anderen umsteigen. Informationen bieten die Websites der Verkehrsgesellschaften SBS Transit und MRT.

Schiffsreisen

Fähren von den indonesischen Riau-Inseln, z. B. von Batam und Bintan, kommen am südlichen **Singapore Cruise Centre**, HarbourFront, oder am östlichen Tanah Merah Ferry Terminal an. HarbourFront verfügt über eine eigene MRT-Station, der Tanah Merah Ferry Terminal wird von Bussen bedient.

Öffentliche Verkehrsmittel

Das öffentliche Verkehrsnetz Singapurs untersteht der **LTA** (Land Transport Authority). Auf deren Website finden Besucher alles über Linien, Fahrpläne, Tickets und Nutzungsregeln, aber auch Informationen über Taxis, Radwege und vieles mehr.

Mit den Bahnen von **MRT** (Mass Rapid Transit) kommt man schnell und bequem in ganz Singapur herum. Die sechs Linien des effizienten und preisgünstigen Metro-Netzes fahren von ca. 5.30 Uhr bis Mitternacht. Sie bedienen nicht nur das Stadtzentrum, sondern auch die meisten Vororte und viele außerhalb liegende Attraktionen. Dank guter Beschilderung ist die Nutzung einfach.

Singapurs ausgedehntes Busnetz, betrieben von **SBS Transit** und MRT, ist etwas unübersichtlich, daher empfiehlt sich für Besucher eine entsprechende App fürs Smartphone. Die meisten Busse sind klimatisiert. Der Fahrpreis ist streckenabhängig und entspricht etwa dem der Metro.

Fahrkarten

Statt Tickets für Einzelfahrten zu lösen, empfiehlt sich für die Nutzung öffentlicher Verkehrsmittel eine **EZ-Link** Card. Die Prepaidkarte kann in MRT (U-Bahn), LRT (S-Bahn) Bus und River Taxi genutzt werden. Man erhält sie an MRT-Stationen und in 7-Eleven-Läden.

Unbeschränkte Verkehrsmittelnutzung bietet ein **Singapore Tourist Pass** für einen (22 S$), zwei (29 S$) oder drei (34 S$) Tage. Man erhält ihn online über die Website, aber auch am Flughafen und an MRT-Stationen.

Taxis

Taxis sind in der Regel günstig, das komplexe Stoßzeiten-Tarifsystem und diverse Zusatzkosten können den Fahrpreis aber erhöhen. Zur Rushhour und bei Wolkenbrüchen ist es schwer, ein Taxi zu bekommen. Im Stadtzentrum kann man am Taxistand warten, andernfalls nutzen Sie Ihr Telefon oder eine App, um einen Wagen zu rufen – dabei ist oft eine Gebühr fällig. Ab drei Personen sind Taxis eine sparsame Art, schnell in der Stadt herumzukommen. Singapurs größtes Taxiunternehmen ist **Comfort & CityCab**, eine beliebte Alternative ist die Wagensuche übers Smartphone mit der App **Grab**.

Boote

Singapore River Cruise bietet neben den 40-minütigen Bootstouren in nostalgischen Bumboats *(siehe S. 113)* auch River Taxis, die werktags zu Stoßzeiten (8–10 & 17–19 Uhr) zwischen Robertson Quay und Marina Bay verkehren und für die man seine EZ-Link Card nutzen kann.

Autofahren

Die bekannten Mietwagenfirmen sind auch in Singapur vertreten mit dem internationalen Führerschein ist das Prozedere einfach. Ratsam ist das Autofahren hier aber nicht – dafür ist der Verkehr zu dicht, die Parkplatzsuche zu nervig und die öffentlichen Verkehrsmittel zu günstig.

Radfahren

Für den Stadtverkehr empfiehlt sich das Rad nicht und auch sonst sind Radwege hier rar. Ideal sind Fahrräder aber, um die umliegenden Parks zu erkunden – viele sind über das **Park Connector Network** (PCN) verbunden. Auch in Naturreservaten wie Pulau Ubin und Bukit Timah lässt es sich gut radeln. Verleiher finden sich vorwiegend an der Küste, z. B. auf Sentosa, im East Coast Park, in Punggol und in Changi. Der größte Anbieter für rund um die Uhr verfügbare Räder ist **SG Bike**.

Gelegentliche autofreie Sonntage laden zum Radfahren ein.

Zu Fuß gehen

Singapurs kompaktes Zentrum lässt sich hervorragend zu Fuß erkunden, allerdings machen Hitze und hohe Luftfeuchtigkeit einen Spaziergang schnell anstrengend. Nehmen Sie genügend Wasser zu sich und kühlen Sie sich bei Bedarf in einer klimatisierten Mall etwas ab. Schön ist ein abendlicher Bummel, wenn es kühler ist – die Wege sind in der Regel gut beleuchtet.

Flugreisen

Changi Airport
W changiairport.com

Singapore Airlines
W singaporeair.com

Zugreisen

KTMB
W ktmb.com.my

Belmond
W belmond.com

Schiffsreisen

Singapore Cruise Centre
W singaporecruise.com.sg

Öffentliche Verkehrsmittel

LTA
W lta.gov.sg

MRT
W smrt.com.sg

SBS Transit
W sbstransit.com.sg

Fahrkarten

EZ-Link
W ezlink.com.sg

Singapore Tourist Pass
W thesingaporetouristpass.com.sg

Taxis

Comfort & CityCab
W cdgtaxi.com.sg

Grab
W grab.com

Boote

Singapore River Cruise
W rivercruise.com.sg

Radfahren

Park Connector Network
W pcn.nparks.gov.sg

SG Bike
W sgbike.com.sg

Praktische Hinweise

Einreise

Für die Einreise nach Singapur benötigen Europäer einen noch mindestens sechs Monate gültigen Reisepass sowie Nachweise über die Weiterreise und über ausreichende Geldmittel für den Aufenthalt. Kinder brauchen eigene Ausweispapiere. Besucher erhalten bei Einreise eine 90 Tage gültige Aufenthaltserlaubnis. Schwangere (ab 6. Monat) müssen diese vorab bei der Botschaft oder der **Immigrations & Checkpoints Authority** (ICA) beantragen.

Zoll

Besucher dürfen je einen Liter Wein, Bier und Spirituosen zollfrei nach Singapur einführen, aber keine Zigaretten. Bei der Einreise von Malaysia aus oder nach Kurzaufenthalten außerhalb Singapurs (unter 48 Stunden) dürfen keine zollfreien Waren eingeführt werden. Feuerwerkskörper, Raubkopien und Kaugummi sind generell verboten. Weitere Details liefert die Website **Singapore Customs**.

Reise- & Sicherheitshinweise

Deutsche, Österreicher und Schweizer erhalten auf den Websites ihrer Außenministerien Reisehinweise sowie Informationen über die aktuelle Sicherheitslage und ggf. notwendige Einreisedokumente. Da es wegen unvorhersehbarer Entwicklungen jederzeit zu Änderungen und Einschränkungen kommen kann, stellen die Außenministerien zudem kostenlose Apps zur Verfügung, über die Reisende sofort von Veränderungen der Lage erfahren. Ein Blick auf die Website der Singapurer Regierung ist ebenfalls ratsam.

Versicherung

Um das gute, aber kostspielige Gesundheitssystem sorglos nutzen zu können, empfiehlt sich eine Reiseversicherung, die Krankenrücktransport und am besten auch Gepäckverlust, Diebstahl und Stornierungen einschließt.

Gesundheit

Für Singapur besteht keine Impfpflicht, doch Schutz gegen Hepatitis A und B, Diphtherie, Tetanus und Typhus ist ratsam. Malaria trat hier schon Jahrzehnte nicht mehr auf, doch Denguefieber ist noch ein Problem. Verwenden Sie vor allem am Abend Insektenschutzmittel.

Das Leitungswasser ist in Singapur trinkbar (anders auf Pulau Ubin). Die Hygienestandards von Imbissständen werden staatlich überwacht – die besten erhalten ein »A«.

Das Gesundheitswesen Singapurs gilt als eines der besten der Welt. Zentrale Krankenhäuser mit Notaufnahme sind **Gleneagles Hospital**, **Mount Elizabeth Hospital**, **Singapore General Hospital** und **Raffles Hospital**.

In fast allen Malls gibt es Apotheken der Ketten Guardian oder Watsons, im Zentrum auch welche mit Notdienst. Da Rezepte aus dem Ausland hier nicht gelten, bringen Sie benötigte Medikamente besser mit.

Sicherheit & Notfälle

Singapur ist eine sehr sichere Stadt. Eine effektive Polizei sorgt streng für Einhaltung der Gesetze, auch kleine Ordnungswidrigkeiten – z. B. das Überqueren der Straße bei Rot oder das Kauen von Kaugummi – sind mit Bußgeld belegt. Trotz geringer Kriminalitätsrate kommt es auch hier zu Diebstählen. Achten Sie vor allem im Gedränge auf Ihre Habseligkeiten und lassen Sie Wertsachen und Papiere im Hotelsafe. Um sich unterwegs ausweisen zu können, reicht in der Regel eine Kopie des Reisepasses.

In Notfällen erreichen Sie die **Polizei** unter 999, **Feuerwehr** und **Ambulanz** unter 995. Sollten Sie Opfer eines Diebstahls werden, bringen Sie diesen unbedingt auf einem Polizeirevier zur Anzeige – allein schon wegen des Berichts für Ihre Versicherung.

Beim Verlust von Reisedokumenten oder bei anderen ernsten Schwierigkeiten wenden Sie sich an Ihre **Botschaft**. Verlorene **Kreditkarten** sollten sofort gesperrt werden.

Homosexualität ist in Singapur seit Dezember 2022 nicht mehr illegal.

Die meisten Angehörigen der LGBTQ+ Gemeinschaft fühlen sich hier relativ sicher, wenn auch nicht gesellschaftlich akzeptiert – insbesondere von der konservativ geprägten älteren Generation. Um nicht angestarrt zu werden, sollten sich auch Besucher in der Öffentlichkeit mit sichtbaren Liebesbekundungen zurückhalten – unabhängig von der sexuellen Orientierung. Wer Beistand oder Rat sucht, kann die Organisation **Oogachaga** kontaktieren. Die jüngere Generation ist deutlich aufgeschlossener und insbesondere in Chinatown gibt es eine lebhafte LGBTQ+ Szene.

Rauchen, Alkohol & Drogen

Das Rauchen ist in den meisten öffentlichen Innenräumen untersagt, in einigen Lokalen gibt es allerdings ausgewiesene Raucherbereiche. Wer beim unerlaubten Rauchen erwischt wird, muss 200 S$ Strafe zahlen – wenn die Sache vor Gericht geht, wird es noch teurer.

Das gesetzliche Mindestalter für Konsum und Erwerb von Alkohol liegt in Singapur bei 18 Jahren. Von 22.30 Uhr bis 7 Uhr morgens ist sowohl der Verkauf von Alkohol als auch der Genuss in der Öffentlichkeit verboten. Auch wer in Restaurants und Bars alkoholische Getränke bestellt, muss sein Glas bis 22.30 Uhr geleert haben. Verstöße gegen diese Vorschriften sind mit hohen Geldbußen belegt.

Singapurs Drogengesetze zählen zweifellos zu den strengsten der Welt. Besitz oder Konsum von illegalen Substanzen ist mit Strafen von bis zu 20 000 S$ oder zehn Jahren Haft belegt – oder mit beidem. Eine vollständige Liste der im Land verbotenen Drogen finden Sie auf der Website der Regierung von Singapur.

Behinderte Reisende

Verglichen mit anderen asiatischen Ländern ist Singapur in Sachen Barrierefreiheit Spitzenreiter. Die Gebäude sind stufenlos zugänglich, Bordsteinkanten abgeflacht und alle MRT-Stationen mit Aufzügen, Blindenschrift und taktilen Bodenleitlinien ausgestattet. Auch die Busse sind für Rollstuhlfahrer zugänglich. Taxis transportieren klappbare Rollstühle umstandslos im Kofferraum, größere Taxiunternehmen bieten auch rollstuhltaugliche Wagen. In vielen Hotels gibt es mittlerweile barrierefreie Zimmer samt Haltegriffen im Bad. In staatlichen Museen erhalten Behinderte samt einem Begleiter kostenlosen oder zumindest ermäßigten Eintritt. Weitere Informationen bietet Visit Singapore *(siehe S. 113)*, detailliertere Tipps die **Singapore Disabled People's Association**.

Einreise

Immigration & Checkpoints Authority
W ica.gov.sg

Reise- & Sicherheitshinweise

W auswaertiges-amt.de
W bmeia.gv.at
W eda.admin.ch

Regierung von Singapur
W gov.sg

Zoll

Singapore Customs
W customs.gov.sg

Gesundheit

Gleneagles Hospital
W gleneagles.com.sg

Mount Elizabeth Hospital
W mountelizabeth.com.sg

Singapore General Hospital
W sgh.com.sg

Raffles Hospital
W rafflesmedicalgroup.com

Notfälle

Polizei
T 999

Feuerwehr & Ambulanz
T 995

Deutsche Botschaft
Karte M4 ■ #12-00 Singapore Land Tower, 50 Raffles Pl
T +65 6533-6002
W singapur.diplo.de

Österreichische Botschaft
Karte G5 ■ #24-04 Parkview Square, 600 North Bridge Rd
T +65 6229-0190
W bmeia.gv.at/oeb-singapur

Schweizer Botschaft
Karte S2 ■ 911 Bukit Timah Rd
T +65 6468-5788
W eda.admin.ch/singapore

Kreditkartenverlust
T +49 116 116
W sperr-notruf.de

Oogachaga
W oogachaga.com

Behinderte Reisende

Singapore Disabled People's Association
W dpa.org.sg

Geld & Kreditkarten

Vom Singapur-Dollar (S$ oder SGD) gibt es Banknoten im Wert von 2, 5, 10, 20, 50, 100, 500, 1000 und 10 000 Dollar und Münzen zu einem Dollar sowie zu 1, 5, 10, 20 und 50 Cent. Der gleichwertige Brunei-Dollar ist hier ebenfalls Zahlungsmittel. Geld wechseln können Sie in Banken und Hotels, doch die besseren Kurse bieten zugelassene Wechselstuben, die man in fast allen Malls findet.

Die einfachste Art, an Bargeld zu gelangen, bieten Geldautomaten (ATM) des Cirrus- oder PLUS-Systems, wo Sie mit Kredit- oder Debitkarte Geld abheben können – sie finden sich bei den Filialen internationaler Banken, aber auch in Malls und MRT-Stationen.

Gängige Kreditkarten wie Visa, MasterCard und American Express werden fast überall akzeptiert – auch kontaktlos. Ausnahmen sind Hawker Center und Food Courts. Bei Verlust einer Karte lassen Sie diese sofort sperren *(siehe S. 111)*.

Kommunikation

Die meisten europäischen Smartphones funktionieren auch in Singapur. Es empfiehlt sich, vor Ort eine Prepaidkarte zu kaufen: Die drei Netzanbieter **M1**, **SingTel** und **StarHub** bieten diverse Pakete an; SIM-Karten sind am Flughafen, in Handyläden, an Kiosken und bei 7-Eleven zu haben. Man muss allerdings wissen, dass mit solchen Prepaidkarten auch ankommende Gespräche etwas kosten, meist um die 15 Cent pro Minute.

Internationale Hotels bieten WLAN im Zimmer, viele Malls einen WLAN-Hotspot. An zahlreichen Orten der Stadt gibt es kostenlose Hotspots von Wireless@SG, für die man sich über die Handynummer registriert.

Post

Singapore Post kümmert sich effizient um den Versand von Briefen und Paketen – Postschalter gibt es auch in vielen Malls und MRT-Stationen.

Öffnungszeiten

Banken haben werktags von 9.30 bis 15 Uhr geöffnet, samstags schließen sie für gewöhnlich um 13 Uhr. Shoppingmalls und große Läden sind in der Regel täglich von 10 bis 22 Uhr offen, manche am Wochenende auch bis 23 Uhr. Die üblichen Zeiten der wichtigsten Museen sind 10 bis 19 Uhr, einige schließen ihre Türen freitags erst um 21 Uhr. Kleinere Museen und Ausstellungen haben mitunter montags geschlossen.

Mehrwertsteuer

Bei Kaufbeträgen ab 100 S$ in Läden mit Taxfree-Logo kann man sich die achtprozentige Mehrwertsteuer (GST) rückerstatten lassen. Verlangen Sie beim Kauf ein GST-Refund-Formular, das Sie bei der Ausreise zusammen mit Kassenbeleg und Ware am Zoll vorlegen. Sie erhalten dann einen Gutschein, den Sie sofort bar einlösen können.

Strom

Die Stromspannung beträgt 220 – 240 Volt bei 50 Hertz. Steckdosen sind dreipolig. Hotels verleihen Adapter, der Erwerb ist aber auch nicht teuer.

Zeitzone

Singapur ist der Mitteleuropäischen Zeit sieben Stunden voraus, sechs während der Sommerzeit. Die Sonne geht rund ums Jahr gegen 7 Uhr auf und etwa um 19 Uhr unter.

Wetter

Hier herrscht das ganze Jahr warmes Klima mit Durchschnittstemperaturen von 24 bis 31 Grad. Die Luftfeuchtigkeit beträgt rund 85 Prozent. Die regenreichste Zeit ist von November bis Januar, die trockenste Juni und Juli. Hauptsaison ist von Juni bis September, aber auch im Dezember ist viel los.

Sprache

Singapurs Landessprache ist Malaiisch, doch auch Mandarin, Tamilisch und vor allem Englisch ist vielerorts zu hören. *Singlish*, ein umgangssprachliches Englisch mit deutlichem Akzent, ist bei den Jüngeren beliebt.

Etikette

Berühren Sie nie den Kopf einer Person, auch nicht den eines Kindes, da dieser im Buddhismus als heilig gilt. Der Fuß wiederum, als unterster Körperteil, gilt als unrein und sollte nie dazu benutzt werden, auf jemanden oder etwas zu zeigen.

Generell gilt es als unschicklich, die Unterseite seiner Füße zu zeigen.

Sichtbare Zuneigungsbekundungen in der Öffentlichkeit sind in Singapur unüblich. Um nicht unangenehm aufzufallen, sollten auch Besucher unterwegs auf Zärtlichkeiten verzichten.

Trinkgeld ist nicht üblich, doch Personal freut sich über ein paar Münzen, wenn Sie zufrieden waren. Bei vielen Restaurants stehen zehn Prozent Servicegebühr schon auf der Rechnung. In besseren Hotels bekommen Portiers 2 bis 5 S$, Reinigungspersonal 2 S$ pro Tag, im Taxi runden Sie einfach auf.

Information

Das Singapore Tourism Board betreibt die überaus informative Website **VisitSingapore** (auch auf Deutsch), die Singapore Visitor Centres (**SVC**) und eine Info-Hotline, die innerhalb Singapurs kostenlos ist.

Hauptstelle vor Ort ist das **SVC Orchardgateway**, wo sowohl Auskünfte als auch Tourbuchungen, Tickets und der Singapore Tourist Pass *(siehe S. 109)* zu haben sind. Weitere Büros gibt es u. a. in der Mall ION Orchard, in Chinatown und in Kampong Glam.

In einigen Cafés und Malls liegt das kostenlose **SG Magazine** aus, das – auch online – über Restaurants und Veranstaltungen informiert. Andere nützliche Quellen sind **SethLui** in Sachen Essen und **City Nomads**, wenn es um Events oder ums Shoppen geht.

Touren

Der Hop-on-Hop-off-Bus von **DuckTours** fährt täglich von 9.30 bis 17 Uhr auf zwei Routen durch die Stadt und lässt Fahrgäste mit Tagesticket (51,30 S$) an gut 30 Haltestellen zu- und aussteigen. Erläuterungen (in zwölf Sprachen) kommen vom Band.

Bei den 40-minütigen Bootstouren von Singapore River Cruise *(siehe S. 109)* sitzt man in nostalgischen Bumboats und lauscht Kommentaren vom Band.

Trishaw Uncle bietet 45-minütige Touren mit der Fahrradrikscha durch Little India und entlang des Singapore River.

The Original Singapore Walks sind fachkundig geführte Themenspaziergänge, bei denen man viel über Geschichte, kulturelles Erbe und hiesige Gepflogenheiten erfährt. Eine Anmeldung ist nicht nötig, erscheinen Sie nur am Treffpunkt, zahlen Sie die Gebühr und los geht's.

Unterkunft

Bei Singapurs großer Auswahl an Unterkünften findet jeder das Passende. Luxushotels gibt es überall, vor allem auf Sentosa. Die Häuser internationaler Ketten und Businesshotels sammeln sich im Finanzdistrikt und an der Orchard Road. Für längere Aufenthalte bieten sich Apartments an. Auch Boutiquehotels, oft in Baudenkmälern untergebracht, sind beliebt. Die meisten Low-Budget-Häuser finden sich in Little India, Chinatown, und Kampong Glam – mit viel höherem Standard, als man es von Asien kennt. Da Singapur so kompakt ist, wohnt man nirgends ab vom Schuss.

Es gibt hier eigentlich keine Hochsaison – Kongresse und Events ziehen laufend Gäste an –, doch um Weihnachten sowie während großer Sportveranstaltungen und wichtiger Handelsmessen steigen die Preise an.

Kommunikation

M1
W m1.com.sg

SingTel
W singtel.com

StarHub
W starhub.com

Post

Singapore Post
W singpost.com

Information

VisitSingapore
T 1800-736-2000
W visitsingapore.com

SVC Orchardgateway
Karte C5 ■ 216 Orchard Rd

SVC ION Orchard
Karte B4 ■ 2 Orchard Turn

Chinatown Visitor Centre
Karte K4 ■ 2 Banda St

SVC Kampong Glam
Karte G5 ■ 55 Bussorah St

SG Magazine
W sg.asia-city.com

SethLui.com
W sethlui.com

City Nomads
W citynomads.com/singapore

Touren

DuckTours
W ducktours.com.sg

The Original Singapore Walks
W journeys.com.sg/tosw

Trishaw Uncle
W trishawuncle.com.sg

Hotels

Preiskategorien

Preis für ein Doppelzimmer pro Nacht mit Frühstück (falls inkl.), Steuern und Service.

$ unter 200 S$ | $$ 200–400 S$ | $$$ über 400 S$

Luxushotels

Shangri-La Hotel

Karte A3 ■ 22 Orange Grove Rd ■ +65 6737-3644 ■ www.shangri-la.com/singapore ■ $$

Mit 15 Hektar Garten ist dieses Hotel eine Oase in der Stadt. Gästen stehen klassisch elegante Zimmer im Valley Wing, urbanes Resortambiente im Garden Wing und modern schicke Zimmer im Tower Wing zur Wahl.

Goodwood Park Hotel

Karte B3 ■ 22 Scotts Rd ■ +65 6737-7411 ■ www.goodwoodparkhotel.com ■ $$

Das 1900 erbaute Clubhaus für deutsche Auswanderer wurde 1929 in ein Hotel umgewandelt *(siehe S. 96)*. Der Turm des wunderschön restaurierten Gebäudes ist ein nationales Baudenkmal. Die Gästezimmer sind klassisch edel gestaltet, die Restaurants des Hauses sind allesamt exzellent.

Capella Singapore

Karte S3 ■ 1 The Knolls, Sentosa ■ +65 6377-8888 ■ www.capellahotels.com/singapore ■ $$$

Neben einladenden modernen Zimmern in denkmalgeschützter Umgebung und fantastischem Ausblick wartet das Hotel auch mit einem preisgekrönten Spa und einem traumhaften Pool auf. Das Haus organisiert Ausflüge und Segeltörns.

Fairmont Singapore

Karte M1 ■ 80 Bras Basah Rd ■ +65 6339-7777 ■ www.fairmont.com/singapore ■ $$$

Das Hotel bietet 769 edel ausgestattete Zimmer und Suiten, in denen man sich wunderbar erholen kann. Das preisgekrönte Willow Stream Spa *(siehe S. 48)* ist nur eine der vielen luxuriösen Annehmlichkeiten des Hauses.

Four Seasons Hotel

Karte A4 ■ 190 Orchard Blvd ■ +65 6734-1110 ■ www.fourseasons.com/singapore ■ $$$

Das 20-stöckige Hotel liegt nur wenige Schritte von den Singapore Botanic Gardens *(siehe S. 24f)* entfernt. Die reizvollen Zimmer zeigen sich europäisch und sind mit bequemen Betten ausgestattet. Das Restaurant One-Ninety bietet sonntags tollen Sektbrunch.

The Fullerton Hotel

Karte M3 ■ 1 Fullerton Sq ■ +65 6733-8388 ■ www.fullertonhotel.com ■ $$$

Was einstmals Singapurs Hauptpostamt war, ist inzwischen ein elegantes Hotel. Das prächtige Gebäude birgt Zimmer mit hohen Decken und großen Fenstern, die je nach Lage herrlichen Blick auf Marina Bay oder Civic District bieten.

Mandarin Oriental

Karte N2 ■ 5 Raffles Ave ■ +65 6338-0066 ■ www.mandarinoriental.com/singapore ■ $$$

Asiatisches Interieur mit viel Kunst und eine Lobby aus schwarzem Marmor zeichnen das schicke Hotel an der Marina Bay aus. Zu den Konferenzzentren der Stadt und dem Central Business District ist es nicht weit.

Raffles Hotel

Karte M1 ■ 1 Beach Rd ■ +65 6337-1886 ■ www.raffles.com/singapore ■ $$$

Architektur und Dekor des berühmten, 1887 eröffneten Hauses erinnern an die Glanzzeiten zu Beginn des 20. Jahrhunderts. Für weiteren Reiz sorgen die erstklassigen Restaurants *(siehe S. 30f)*.

The Ritz-Carlton, Millenia Singapore

Karte P2 ■ 7 Raffles Ave ■ +65 6337-8888 ■ www.ritzcarlton.com/singapore ■ $$$

Hochrangige Geschäftsleute schätzen das Hotel nahe Messegelände und Central Business District. Moderne Kunst ziert die Gemeinschaftsbereiche und auch die Zimmer, die Panoramablick und Marmorbäder mit riesigen Wannen bieten.

Sofitel Sentosa Resort & Spa

Karte S3 ■ 2 Bukit Manis Rd ■ +65 6708-8310 ■ www.sofitel-singapore-sentosa.com ■ $$$

Das von üppigem Grün und Fischteichen umgebene Resort mit französischem Flair ist sowohl für Paare als auch für Familien ideal. Es birgt das tolle Sofitel SPA *(siehe S. 48)* und das italienische Restaurant The Cliff. Die meisten Zimmer haben Gartenblick.

The St. Regis Singapore

Karte S3 ■ 29 Tanglin Rd ■ +65 6506-6888 ■ www.stregis.com/singapore ■ $$$

Das exklusive Haus ist für seinen superben Butlerservice berühmt. Alle Zimmer und Suiten sind mit handbemalten seidenen Wandverkleidungen, Designermöbeln und französischen Marmorbädern ausgestattet. Einrichtungen umfassen das preisgekrönte Remède Spa, ein exzellentes Fitnesscenter und einen Wellnesspool im Freien.

Boutiquehotels

AMOY

Karte L4 ■ 76 Telok Ayer St ■ +65 6580-2888 ■ www.stayfareast.com/en/hotels/amoy ■ $$

Das Fuk Tak Chi Museum bildet den imposanten Eingang zu dem Hotel in einem clever umgebauten Shophouse. In dem verschachtelten Bau finden sich 37 Zimmer mit stilvoll chinesischem Dekor.

Ann Siang House

Karte K4 ■ 28 Ann Siang Rd ■ +65 8608 8190 ■ www.oakwood.com ■ $$

Zwei Restaurants, eine Lounge, eine Dachbar und 19 luxuriös ausgestattete Zimmer mit großzügig bemessenen Bädern warten in diesem Haus auf Gäste. Alle Suiten bieten edles Mobiliar, feinste Bettwäsche, exklusive Toilettenartikel und große Balkone.

Hotel 1929

Karte J4 ■ 50 Keong Saik Rd ■ +65 6226-8929 ■ www.hotel1929.com ■ $$

Ein hübsch restauriertes Shophouse birgt das kleine Hotel im Herzen von Chinatown. Schickes helles Design sorgt für das Gefühl von Weitläufigkeit, die Zimmer sind allerdings recht klein.

The Vagabond Club

Karte G3 ■ 39 Syed Alwi Rd ■ +65 6291-6677 ■ www.hotelvagabondsingapore.com ■ $$

Die Zimmer des durchgestylten Hotels präsentieren sich chic und aufregend anders. Manche haben eigene kleine Terrassen. Ein riesiges Nashorn aus Messing ist nur eines von vielen reizvollen Details. Restaurant und Bar sind hochgelobt.

Link Hotel

Karte T3 ■ 50 Tiong Bahru Rd ■ +65 6622-8585 ■ www.linkhotel.com.sg ■ $$

Das Art-déco-Anwesen ist Resultat von Singapurs erstem Projekt für staatlichen Wohnungsbau. Es steht in einem netten alten Vorort nicht weit von Chinatown. Das modern eingerichtete Hotel bietet auch Familienzimmer.

Naumi Hotel

Karte G6 ■ 41 Seah St ■ +65 6403-6000 ■ www.naumihotel.com ■ $$

Das elegante Haus in zentraler Lage ist zum Teil Businesshotel mit entsprechendem Service und zum Teil Boutiquehotel, also behaglich und familiär. In Sachen Zimmerausstattung und Einrichtungen setzt man auf modernste Technik und schickes Design.

The Scarlet

Karte K5 ■ 33 Erskine Rd ■ +65 6511-3333 ■ www.thescarletsingapore.com ■ $

Mit Samt, Seide und Satin, maßgefertigten Möbeln und Akzenten aus glänzendem Lack ist dieses Haus ein wahres Fest für die Sinne. Die Suiten sind überaus behaglich, doch die Standard- und De-luxe-Zimmer leider recht klein und eher für Kurzaufenthalte geeignet.

Businesshotels

Parkroyal Collection Pickering

Karte K3 ■ 33 Upper Pickering St ■ +65 6809-8888 ■ www.panpacific.com ■ $$

Das umweltbewusste Hotel unweit des zentralen Geschäftsviertels bietet Zimmer mit großen Arbeitsbereichen, üppig bepflanzte Terrassen und Dachgärten.

Crowne Plaza Changi Airport

Karte V2 ■ 75 Airport Blvd ■ +65 8235-5300 ■ www.changiairport.crowneplaza.com ■ $$

Die Lage des Hotels – das erste internationale Businesshotel am Flughafen – schließt Ausflüge ins Stadtzentrum nicht aus. Die Singapore Expo und das zum Flughafen gehörende Industriegebiet East Coast liegen nicht weit entfernt.

InterContinental
Karte G5 ■ 80 Middle Rd ■ +65 6338-7600 ■ www.intercontinental.com ■ $$
Beim Bau des Hotels hat man einige Shophouses aus der Vorkriegszeit integriert. Das Gesamtbild zeigt inseltypischen Stil. Das Haus liegt direkt an einer MRT-Station nahe dem Suntec Convention Center.

M Hotel
Karte K6 ■ 81 Anson Rd ■ +65 6224-1133 ■ www.m-hotel.com ■ $$
Mitten im Finanzdistrikt am Shenton Way bietet dieses Haus Geschäftsreisenden neben einem Businesscenter und den Konferenzräumen im achten Stock weitere erstklassige Einrichtungen und diverse Restaurants. Wochenendgäste freuen sich über Preisnachlässe.

Parkroyal Collection Marina Bay
Karte N2 ■ 6 Raffles Blvd ■ +65 6845-1000 ■ www.panpacific.com ■ $$
Das Hotel mit großem Atrium ist mit der Shoppingmall Marina Square verbunden. Der Blick auf die Marina Bay ist atemberaubend.

Sheraton Towers
Karte C2 ■ 39 Scotts Rd ■ +65 6737-6888 ■ www.sheratonsingapore.com ■ $$
Das zentral gelegene Hotel mit 420 Zimmern ist für hohen Standard und hervorragenden Service bekannt. Die Gästezimmer verfügen nicht nur über jeglichen modernen Komfort, sondern auch über stilvolle Eleganz.

Conrad Centennial
Karte N2 ■ 2 Temasek Blvd ■ +65 6334-8888 ■ www.conradhotels.com ■ $$$
In für Geschäftsreisende idealer Lage bietet das Hotel in seinen beiden Türmen Zimmer mit hochmodernen Kommunikationseinrichtungen. Außerdem gibt es hier Konferenzräume und ein Businesscenter, einen Pool und mehrere Restaurants.

Grand Hyatt
Karte B4 ■ 10 Scotts Rd ■ +65 6738-1234 ■ www.singapore.grand.hyatt.com ■ $$$
Die Rezeption des Hotels ist vom Eingang aus nicht einsehbar. Die »Grand Rooms« sind etwas größer, dafür bieten die Zimmer im »Terrace Wing« helle Arbeitsplätze, manche auch eigene Meetingbereiche.

Marina Bay Sands
Karte N4 ■ 10 Bayfront Ave ■ +65 6688-8888 ■ www.marinabaysands.com ■ $$$
Das mehr als imposante Hotel an der Marina Bay erfüllt alle Wünsche. Es gibt 2560 Zimmer und Suiten, ein Konferenzzentrum, Theater, Shoppingmall, Kunstmuseum, Casino und erstklassige Restaurants. Und dann lockt auch noch der SkyPark mit dem riesigen Infinity Pool *(siehe S. 26)*.

JW Marriott Singapore South Beach
Karte N2 ■ 30 Beach Rd ■ +65 6818-1888 ■ www.marriott.com ■ $$$
Fantastischer Ausblick, von Philippe Starck entworfene Zimmer, zwei Infinity Pools in den Sky Gardens und tolle Restaurants warten in dem schicken Haus gegenüber von Suntec City.

Singapore Marriott Tang Plaza Hotel
Karte B4 ■ 320 Orchard Rd ■ +65 6735-5800 ■ www.marriott.com ■ $$$
Mitten im Geschäfts-, Shopping- und Vergnügungsviertel von Singapur bietet dieses Hotel sowohl Geschäftsreisenden als auch Urlaubern luxuriöse Unterkunft.

Familienhotels

YMCA @ One Orchard
Karte E6 ■ 1 Orchard Rd ■ +65 6336-6000 ■ www.ymcaih.com.sg ■ $
Es gibt in Singapur eine Reihe YMCA-Häuser, doch dieses hat mit Abstand die beste Lage. Mit der Orchard Road vor der Tür und nur wenige Minuten von National Museum und anderen historischen Sehenswürdigkeiten entfernt bietet es ein Café, einen Pool und ein Fitnesscenter. Die Unterkunftsmöglichkeiten umfassen Familienzimmer und Juniorsuiten.

YWCA Fort Canning
Karte E6 ■ 6 Fort Canning Rd ■ +65 6338-4222 ■ www.ywcafortcanning.org.sg ■ $
Das Haus der YWCA punktet mit zentraler Lage, freundlichem Personal und mit geräumigen, gut ausgestatteten Zimmern und Familiensuiten, die Blick auf den Pool oder den Park bieten. Das Café des Hauses hat den ganzen Tag geöffnet und es gibt auch einen Waschsalon.

Holiday Inn Singapore Orchard City Centre

Karte D5 ■ 11 Cavenagh Rd ■ +65 6733-8333 ■ www.ihg.com/holiday-inn ■ $$

Das Hotel bietet Familien große, komfortabel ausgestattete Zimmer samt Kühlschrank und Kaffeemaschine. Der Service ist gut, das Frühstücksbüfett anständig. Es gibt Dachpools, ein Fitnesscenter, eine Bar und zwei Restaurants.

Orchard Rendezvous Hotel

Karte A4 ■ 1 Tanglin Rd ■ +65 6737-1133 ■ www.rendezvoushotels.com ■ $$

Hier stimmen Lage und Preis: Zum Angebot des Hotels zählen neben großen Familienzimmern mit Wohn- und Essbereich auch ein hübscher Pool und ein Waschsalon.

Parkroyal on Beach Road

Karte H5 ■ 7500 Beach Rd ■ +65 6505-5666 ■ www.panpacific.com ■ $$

Unweit der Arab Street bietet dieses Hotel gute Ausstattung zu vernünftigen Preisen. Einige der Zimmer haben Verbindungstüren. Kinder lieben den Dachpool, es sind für sie aber noch mehr Aktivitäten geboten.

Siloso Beach Resort

Karte S3 ■ 51 Imbiah Walk, Sentosa ■ +65 6722-3333 ■ www.silosobeachresort.com ■ $$

Die Glaswände der Anlage gestatten Blick auf den nahen Strand. Neben den Zimmern im Haupthaus stehen Villen mit ein oder zwei Schlafzimmern bereit. Zu den tollen Freizeitanlagen zählt auch ein Pool mit Wasserfall.

Village Hotel Bugis

Karte G5 ■ 390 Victoria St ■ +65 6297-2828 ■ www.villagehotels.asia ■ $$

Familienfreundlichkeit geht in dem lebhaften Hotel am Rand von Kampong Glam so weit, dass ein paar Gästezimmer mit Comic-Tapeten, lustigen Accessoires und kindertauglichen Toilettenartikeln ausgestattet sind.

JEN Singapore Tanglin

Karte A4 ■ 1A Cuscaden Rd ■ +65 6738-2222 ■ www.shangri-la.com/hotels/jen ■ $$

Von dem schicken Hotel ist man zu Fuß in zehn Minuten an den Botanic Gardens. Kinder freuen sich über den Dachpool mit bunten Schwimminseln, Eltern über die Familienrabatte.

Festive Hotel

Karte S3 ■ Resorts World Sentosa ■ +65 6577-8899 ■ www.rwsentosa.com/en/hotels/festive-hotel ■ $$$

Kinder erhalten hier so viel Aufmerksamkeit wie die Großen: eigene Willkommenspäckchen, Süßes an der Rezeption und passende Bademäntel. Die »Deluxe Family King Rooms« bieten Kindern ihren eigenen Bereich mit reizvollem Hochbett.

Fraser Place Robertson Walk

Karte J2 ■ 11 Unity St ■ +65 6736-4800 ■ www.frasershospitality.com ■ $$$

Das Haus am Fluss bietet für Aufenthalte von mindestens einer Woche hervorragend ausgestattete Apartments mit ein bis drei Schlafzimmern. Pool und Spielplatz gibt es vor Ort, Cafés und ein Supermarkt liegen in der Nähe.

Shangri-La Rasa Sentosa Resort

Karte S3 ■ 101 Siloso Rd ■ +65 6275-0100 ■ www.shangri-la.com/singapore/rasasentosaresort ■ $$$

Singapurs einziges Strandhotel ist wahrlich perfekt für Familien: Hier sind ein Baumhaus, Wasserrutschen und zahlreiche Aktivitäten für Kinder geboten. Alle Zimmer haben Balkone mit Blick auf die Hügel oder das Meer.

Preiswerte Hotels

Hotel Bencoolen

Karte F5 ■ 47 Bencoolen St ■ +65 6460-4933 ■ www.hotelbencoolen.com ■ $

Die Lage – nur wenige Schritte von Orchard Road und Little India entfernt – macht das Hotel zu einer guten Wahl. In den sauber gepflegten Zimmern finden sich Fernseher und Kaffeemaschinen, das Frühstücksbüfett ist westlicher Art. Auf dem Dach versteckt sich ein kleiner Pool.

Hotel Re!

Karte J4 ■ 175A Chin Swee Rd ■ +65 6827-8288 ■ www.hotelre.com.sg ■ $

Retro-Mobiliar und psychedelisch anmutendes Dekor – z. B. glitzernde Badfliesen – locken vorwiegend junge Reisende in das preiswerte Hotel mit freundlichem Personal. Chinatown ist zu Fuß in 15 Minuten zu erreichen.

Preiskategorien siehe S. 114

Hotel Yan

Karte H2 ■ 162 Tyrwhitt Rd ■ +65 6805-1955 ■ www.hotel-yan.com ■ $
In diesem netten Haus nahe Little India und Kampong Glam erfreut man sich preiswert an Industrial Chic. Die Zimmer (alle mit Bad) sind nicht sehr groß, aber gut ausgestattet und mit großen Fenstern versehen.

The Inn at Temple Street

Karte K4 ■ 36 Temple St ■ +65 6221-5333 ■ www.theinn.com.sg ■ $
Mitten im denkmalgeschützten Teil von Chinatown nimmt dieses preisgekrönte Hotel fünf schön restaurierte Shophouses ein. Die Zimmer sind klein und haben wenig modernen Komfort, doch der Charme des Hauses macht das locker wett.

The Keong Saik Hotel

Karte J4 ■ 69 Keong Saik Rd ■ +65 6223-0660 ■ www.keongsaikhotel.com.sg ■ $
Ein weiteres Hotel in umgestalteten Shophouses bietet Gästen sparsam möblierte kleine Zimmer mit schönen Holzböden. Aus von Stuck umrahmten Fenstern blickt man auf eine hübsche Gasse von Chinatown.

Hotel Clover The Arts

Karte L3 ■ 58 South Bridge Rd ■ +65 6439-7088 ■ www.thearts.hotelclover.com ■ $
Viele der behaglichen, gut ausgestatteten Zimmer dieses unkonventionellen Hotels zeigen Wandmalereien hiesiger Designstudenten. Boat Quay und Fluss sind knapp zehn Gehminuten entfernt.

Perak Hotel

Karte F4 ■ 12 Perak Rd ■ +65 6299-7733 ■ www.theperakhotel.com ■ $
Freundliche Mitarbeiter an der Rezeption sorgen in dem kleinen Hotel in Little India für heimelige Atmosphäre. Die hübschen, gepflegten Zimmer haben eigene Bäder. Das Frühstück wird im schlichten Café serviert.

Heritage Collection on Seah

Karte M1 ■ 39 Seah St ■ +65 6223-7155 ■ www.hericoll.com ■ $
Das restaurierte Shophouse mit diesem Hotel liegt im Civic District in Gehweite der Museen. Schöne Studios mit zwei Ebenen bieten Küchenzeilen und einen Arbeitsbereich – eine gute Option für Alleinreisende. Das Haus verfügt zudem über einen Waschsalon.

Strand Hotel

Karte F5 ■ 25 Bencoolen St ■ +65 6338-1866 ■ www.strandhotel.com.sg ■ $
Dieses Hotel nahe der Orchard Road sieht teurer aus, als es ist. Unter den großen und hübsch dekorierten Zimmern finden sich De-luxe- und Familienzimmer, die gut bis zu fünf Personen fassen. Das Personal ist sehr freundlich.

Summer View Hotel

Karte F5 ■ 173 Bencoolen St ■ +65 6338-1122 ■ www.summerviewhotel.com.sg ■ $
In dem schlichten, von vielen Sehenswürdigkeiten umgebenen Hotel gibt es zwar keinen Pool, aber Kaffeemaschinen, Kabelfernsehen, Internet und ein Frühstücksbüfett.

Hotel Grand Central

Karte D5 ■ 22 Cavenagh Rd ■ +65 6737-9944 ■ www.grandcentral.com.sg ■ $
Nirgendwo sonst in der Stadt kann man zu diesen Preisen in so guter Lage nächtigen. Die Ausstattung ist bescheiden, doch so nahe an der Orchard Road will man sowieso nicht viel Zeit im Hotel verbringen.

Lloyd's Inn

Karte J1 ■ 2 Lloyd Rd ■ +65 6737-7309 ■ www.lloydsinn.com ■ $
Das gesellige Haus in reizvoller Lage nahe der Orchard Road hat kaum Einrichtungen zu bieten, zeigt sich aber luftig hell und besitzt eine hübsche Dachterrasse. Im Gartenbereich laden flache Becken ein, die Zehen ins Wasser zu hängen.

RELC International Hotel

Karte A2 ■ 30 Orange Grove Rd ■ +65 6885-7888 ■ www.relcih.com.sg ■ $
Wer Wert auf gute Lage, gute Ausstattung und gute Preise legt, ist hier richtig. Die Zimmerauswahl ist nicht groß, aber alle haben Balkon, Kabelfernsehen, Kühlschrank und Kaffeemaschine. Das angebotene Frühstück ist bescheiden, doch die nur zehn Minuten entfernte Orchard Road bietet jede Menge Alternativen.

M Social

Karte T3 ■ 90 Robertson Quay ■ +65 6206-1888 ■ www.msocial.com.sg ■ $$
Mit kontrastreichen Textilien und Fliesen präsentiert das trendige Hotel schickes Philippe-Starck-

Design. Die Zimmer sind stilvoll unkonventionell, nette Gemeinschaftsbereiche bieten Gelegenheit zum sozialen Kontakt. In der Bar Beasts & Butterflies genießt man asiatische Fusionsküche.

Peninsula Excelsior Hotel

Karte L2 ■ 5 Coleman St ■ +65 6337-2200 ■ www.peninsulaexcelsior.com.sg ■ $$

Da sich die zwei Hotels Excelsior und Peninsula zusammengetan haben, kommt man hier in den Genuss doppelter Einrichtungen und zweier Pools. Nehmen Sie ein Zimmer zur Marina Bay – besserer Blick ist zu dem Preis nicht zu haben.

Village Hotel Albert Court

Karte F4 ■ 180 Albert St ■ +65 6339-3939 ■ www.villagehotels.asia ■ $$

Das zauberhafte kleine Hotel ist mit Peranakan-Textilien, geschnitztem Holz und traditionellen Bodenfliesen nostalgisch gestaltet. Gäste freuen sich über einen Fitnessraum, Jacuzzis und ein nettes Café. Der Innenhof lädt zum Entspannen ein.

Hostels

Adler Hostel

Karte K4 ■ 259 South Bridge Rd ■ +65 6226-0173 ■ www.adlerhostel.com ■ $

Dieses charmante Hostel könnte man fast für ein Möbelhaus halten, so schick sieht es aus. Statt gewöhnlicher Betten gibt es hier »Schlafkabinen«. Ein Innenhofgarten und ein kleines Café runden das Angebot ab.

Wink @ Mosque Street

Karte K4 ■ 8A Mosque St ■ +65 9835-6850 ■ www.wink.sg ■ $

Neben herkömmlichen Mehrbettzimmern bietet dieses moderne Hostel in Chinatown sogenannte Pods – für einen oder für zwei, im Schlafsaal oder im eigenen Zimmer. Dazu gibt es WLAN, Wäscheservice und eine Küche, Frühstück ist inklusive.

Beary Best! Hostel

Karte K4 ■ 16 Upper Cross St ■ +65 6222-4957 ■ www.bearybesthostel.com ■ $

Das gemütliche Hostel in Chinatown ist erfreulich komfortabel ausgestattet und liegt auch überaus praktisch: Zur MRT-Station Chinatown sind es nur ein paar Schritte.

Betel Box

Karte T2 ■ 200 Joo Chiat Rd ■ +65 6247-7340 ■ www.betelbox.com ■ $

Modernes asiatisches Interieur erinnert an die einstige Funktion des Gebäudes als Shophouse. In der Nachbarschaft gibt es zahlreiche Lokale. Das Hostel organisiert für seine Gäste Führungen durch reizvolle Viertel.

CUBE Boutique Capsule Hotel at Kampong Glam

Karte H5 ■ 55 Bussorah St ■ +65 6291-1696 ■ www.cubehotels.com.sg/kampong-glam ■ $

Dieses charmante Hostel in Kampong Glam bietet seinen Gästen behagliche Schlafkapseln samt Safe, Ladestation und Leselampe. Auf der Rückseite wartet ein freundlicher Frühstücksbereich.

Dream Lodge

Karte H2 ■ 172 Tyrwhitt Rd ■ +65 6816-1036 ■ www.dreamlodge.sg ■ $

Die Gemeinschaftsunterkunft ist perfekt für alle, die Kontakt zu anderen Reisenden suchen. Sie verfügt über Schlafkabinen – auch für zwei – und eine gemütliche Lounge. Reizvolle Cafés und Bars liegen in Gehweite.

The Hive

Karte G2 ■ 624 Serangoon Rd ■ +65 8168-4337 ■ www.the-hive-hostel.business.site ■ $

In dem Hostel wohnt man nicht unbedingt zentral, aber angenehm und sicher. Es bietet außer klimatisierten Schlafsälen auch Doppelzimmer, einige sogar mit Bad. Frühstück ist inklusive. In der Lounge gibt's Kabel-TV.

The InnCrowd Hostel

Karte F4 ■ 73 Dunlop St ■ +65 6296-9169 ■ www.the-inncrowd.com ■ $

Das planvoll gestaltete Hostel in Little India ist besonders preiswert. Rund um die klimatisierten Schlafsäle und Zimmer finden sich Waschräume und Küchenzeilen, außerdem gibt es eine Bibliothek, eine Kneipe und eine Dachterrasse.

Met A Space Pod

Karte L3 ■ 51 Boat Quay ■ +65 6635-2694 ■ www.metaspacepod.com.sg ■ $

Der Name deutet es an: In den kapselartigen Hightechbetten dieses Hostels kommt man sich tatsächlich wie in einer Raumschiffsonde vor. Glücklicherweise sind Küche, Waschräume und auch das Frühstück sehr viel bodenständiger.

Preiskategorien siehe S. 114

Textregister

Fett gedruckte Ziffern bezeichnen Haupteinträge.

*SCAPE 97

A

Abdul-Gafoor-Moschee *siehe* Masjid Abdul Gafoor
Abstecher **100–105**
 Restaurants 105
 Tagestour 103
 Vororte & New Towns 104
Acid Bar 56
Adventure Cove Waterpark 53
Afternoon Tea 31
Ahnentafeln 17
Al-Abrar-Moschee *siehe* Masjid Al-Abrar
Alkaff Bridge 15
Alkohol 111
Alleybar 57
Altar der Neun Planeten 20
Ann Siang Hill Park 72, 73
Anreise 108
Antiquitäten 62, 72, 83, 98, 104
Apotheken 110
Arab Street 78, 81
Architektur **42f**
Armenian Apostolic Church 38, 91
Art déco 27, 50, 95
Arts Centre 55
Arts House, The 55
ArtScience Museum 26
Asian Civilisations Museum 14, 41, 43, 89, 91
Atlas Bar 56
Auriga Spa 49
Autofahren 109
Ayurveda 82

B

Baba House (NUS) 74
Ballet Under the Stars 67
Banken 112
Banyan Tree Spa 48
Bars & Lounges **56f**
Batik 63, 78, 84
Battlebox 44, 91
Beachvolleyball 53
Bee Cheng Hiang 74
Behinderte Reisende 111
Besatzung *siehe* Japanische Besatzung
Betelnüsse 82
»Black-and-White«-Bungalows 50
Blanchett, Cate 31
Blumengirlanden 82
Boat Quay 7, 14
Boote 14, 109, 113
Botschaften 111
Boutiquehotels 115
Bücher
 Books Kinokuniya 98
 Literatur über Singapur 37
 Writers Bar 30
Buddha Tooth Relic Temple 70, 73
Buddhismus 72
 Buddha Tooth Relic Temple 70, 73
 Kong Meng San Phor Kark See Monastery 38f
 Lian Shan Shuang Lin Monastery 102
 Sakya Muni Buddha Gaya Temple 80, 81
Bugis Junction & Bugis+ 92
Bugis Street Market 92
Bukit Chandu 44
Bukit Timah 104
Bukit Timah Nature Reserve 102f
Bumboats 14, 65, 113
Buntglas 13
Burma–Thailand (»Todes-Eisenbahn«) 45
Businesshotels 115f
Busreisen 108
Busse 65, 108, 113
Bussorah Street 81, 83

C

Candlenut 59, 105
Canyon, The 29
Casino, Marina Bay Sands 27
Cathedral of the Good Shepherd 39
Cavenagh Bridge 15
CÉ LA VI 56
Changi Chapel & Museum 40, 44
Changi Point 104
Changi Point Coastal Walk 51
Changi Prison 40, 44, 45
Changi Village 51
Chaplin, Charlie 31
Chek Jawa Wetlands (Pulau Ubin) 103
Chevalier, Maurice 31
Chihuly, Dale
 Etheral White Persians 28
CHIJMES (Convent of the Holy Infant Jesus) 38, 43, 91
Children's Museum Singapore 89
Chinatown 6, 7, **70–77**
 Restaurants 77
 Shopping 76
 Spaziergang 73
Chinatown Complex 61, 76
Chinatown Heritage Centre 40, 71, 73
Chinatown Night Market 75
Chinatown Street Market 72, 73, 75
Chinese Garden 46, 101
Chinese Theatre Circle 75
Chinese Weekly Entertainment Club 74
Chinesisches Neujahr 66
Chinesisches Schach 75
Chingay Parade 66
Chong Hock Girls' School 17
Chulia-Moschee *siehe* Masjid Jamae (Chulia)
Church of Our Lady of Lourdes 82
City Hall & Supreme Court 42f, 91

Civic District 7, **88–93**
Restaurants 93
Shopping 92
Spaziergang 91
Civilian War Memorial 45
Clans & Organisationen 73
Clarke Quay 7, 14, 15
Clifford Pier 27
Close, Glenn 31
Cloud Forest 7, 28, 46
Club Street 73, 74
Coleman, G. D. 42, 81
Coney Island Park 51
Conrad, Joseph 31
Coward, Noël 31
Crossroads Café 97
CUT 59, 93

D

Damai Spa 48
Deepavali (Diwali) 67
Dempsey Hill 7, 103, 104
Denkmalpflege 30
Denkmalschutz 74
Drachenbootrennen 50, 67
Dragon Boat Festival 67
Drogen 111
Duxton Hill 74

E

Earl of Elgin 14
East Coast Lagoon Food Village 60
East Coast Park 47
Sport 53
East India Company 18, 36, 80
Eco Lake 24
Einreise 110, 111
Elgin Bridge 14
Elizabeth II, Queen 38
Emerald Hill Road 42, 95, 97
Empress Place Building 43, 89
Esplanade – Theatres on the Bay 7, 26, 42, 54, 64
Essen & Trinken
Festivals 67
Hawker Center & Food Courts 60f
Lieblingsgetränke in Singapur 57
preiswert 65
Spezialitäten 61, 63
siehe auch Restaurants
Etheral White Persians (Chihuly) 28
Etikette 112f
buddhistische Tempel 73
chinesischer Tempel 17
Hindu-Tempel 21
Moschee 19
Everton Road 51

F

Face Place, The 48
Fahrkarten 108f
Fahrräder 53, 109
Familienhotels 116f
Far East Organization Children's Garden 52
Farquhar, William 13
Feste, religiöse 66f
Festivals 67
Filmfestival 67
Flohmärkte 51
Floral Factory 29
Flower Dome 29
Flugreisen 108, 109
Flussfahrten 14, 65, 109, 113
Food Republic 61
Former Ford Factory 41, 44
Formula 1 Singapore Grand Prix 67
Fort Canning Park 7, 36, 47, 90f
Fort Pasir Panjang 44
Fort Siloso 33, 44
Führungen 65, 113
Funan 62, 92

G

Gallery Theatre 13
Ganesha 20, 21
Garden Rhapsody 64
Gardner, Ava 31
Gardens by the Bay 6, 7, 8f, 11, 26, **28f**, 46f, 64
Geführte Touren 65, 113
Geld & Kreditkarten 112
Gesundheit 110, 111
Geylang 104
Gillman Barracks 54, 64
Ginger Garden 25
Goh Seng Choo Gallery 13
Golden Mile Complex 83
Golf 53
Goodwood Park Hotel 96, 97, 114
Gopuram 21, 79
Gotteshäuser **38f**
siehe auch Kirchen; Moscheen; Tempel
Great Singapore Sale 67
Growing Up Gallery 13
Guanyin (Göttin der Gnade) 16
Gurdwara 64

H

Haji Lane 81, 83
Hajjah-Fatimah-Moschee *siehe* Masjid Hajjah Fatimah
Handy 112
Har Par Villa 65
Hari Raya Puasa 67
Harry's, Boat Quay 57
Hawker Center & Food Courts **60f**, 65
Hay Dairies 65
Healing Garden 24
Helix Bridge 27
Henderson Waves (Southern Ridges) 100, 103
Heritage Gardens 28
Hinduismus 66, 67, 82
Sri Mariamman Temple 71
Sri Srinivasa Perumal Temple 79, 81
Sri Thendayuthapani Temple 38
Sri Veeramakaliamman Temple 20f, 80, 81
Historische Ereignisse **36f**
Zweiter Weltkrieg 44f
Holland Village 103, 104
Homosexualität 110f
Hong San See Temple 39
Hop-on-Hop-off-Bus 65, 113
Hostels 119
Hotels 113, **114–119**
House of Tan Teng Niah 43

Hungry Ghost Festival 66
Hussein Shah, Sultan 19, 80

I

Ikeda Spa 49
Images of Singapore 32
In Singapur unterwegs 108f
Indian Heritage Centre 82
Information 113
Internet 112
ION Orchard 63, 97
Iskandar Shah 36, 47, 88
Islam 67, 84
  Muslimischer Friedhof 83
  siehe auch Moscheen
Istana & Sri Temasek 43, 94, 97
Istana Kampong Glam 80

J

Jackson, Michael 31
Jacob Ballas Children's Garden (Singapore Botanic Gardens) 25, 96
Jade 63, 76
Jamae-Moschee *siehe* Masjid Jamae (Chulia)
Japanese Garden 46, 101
Japanische Besatzung 36, 45
  Civilian War Memorial 45
  Former Ford Factory 41, 44
  National Museum 12
Jewel Changi Airport 63
Joaquim, Agnes 24, 38
Johor, Sultan von 18
Joo Chiat 7, 104
Judentum
  Maghain Aboth Synagogue 39
Jurong Bird Park 53, 101
Jurong Lake 46

K

Kai Zhang Sheng Wang, Statue von 17
Kali, Göttin 20, 80
Kallang River Basin 50
Kallang Riverside Park 50
Kalligrafie 75
Kampong Glam *siehe* Little India & Kampong Glam **78–85**
Kanufahren 53
Karaoke-Opern 75
Katong 7, 104
Kautschuk 36
Kent Ridge Park (Southern Ridges) 100
Kinder **52f**
  Children's Museum 89
  Familienhotels 116f
  Jacob Ballas Children's Garden 25, 96
Kingfisher Wetlands 29
Kipling, Rudyard 31
Kirchen
  Armenian Apostolic Church 38, 91
  Cathedral of the Good Shepherd 39
  Our Lady of Lourdes 82
  St Andrew's Cathedral 38, 43, 91
  St Luke's Chapel (Changi) 44
  Telok Ayer Chinese Methodist Church 39
Klima 112
Kommunikation 112, 113
Konfuzius-Statue 17
Kong Meng San Phor Kark See Monastery 38f
Konzerte 54f, 64f
Kostenlose Attraktionen **64f**
Kranji War Memorial & Cemetery 44, 103
Krankenhäuser 110, 111
Kreditkarten 112
  Verlust 111
Kulturevents 65, 67
Kunst & Kultur **54f**
  Festivals 67
  Kostenlos 64f
Kunstgalerien
  Gillman Barracks 54, 64
  National Gallery 7, 34f, 40, 55, 91
  SHOUT Art Hub & Gallery 97, 98
  The Substation 55
  siehe auch Museen
Kunsthandwerk 63
Kusu Island 50f

L

Labrador Park 44
Laksa 61, 63
Lantern Festival *siehe* Mid-Autumn Festival
Lau Pa Sat Festival Market 61
Lazarus Island 50f
Lee Kong Chian Natural History Museum 40, 51
Lee Kuan Yew 37, 91, 102
Lee, Susur 58
LGBTQ+ 111
Lian Shan Shuang Lin Monastery 102
Lieblingsgetränke in Singapur **57**
Life in Singapore 12
Lightshows 64
Lim Bo Seng Memorial 45
Literatur über Singapur **37**
Little India & Kampong Glam **78–85**
  Kampong Glam erleben 83
  Little India erleben 82
  Restaurants 83, 85
  Shopping 82, 83, 84
  Spaziergang 81
Little India Arcade 84
Little Island Brewing Co. 56
Long Bar 31
Luxushotels 114f

M

MacRitchie Reservoir Park 47
»Mad Ridley« 25
Maghain Aboth Synagogue 39
Majestic Restaurant 58, 93
Makansutra Glutton's Bay 26, 61
Malay Heritage Centre 40, 81
Malaya 37
Malaysia 37
Malls *siehe* Shopping
Mama Diam 57

Maqam 19
Marang Trail 103
Marina Barrage 27
Marina Bay 7, 11, **26f**, 91
Marina Bay Sands
6, 7, 26, 62, 64
Marina Promenade 50
Märkte
Bugis Street Market 92
Chinatown Night Market
75
Chinatown Street Market
72, 73, 75
Flohmärkte 51
Lau Pa Sat Festival
Market 61
Tekka Market 61, 81, 84
Wet Market 75, 84
Masjid Abdul Gafoor 80, 81
Masjid Al-Abrar 71
Masjid Hajjah Fatimah 80
Masjid Jamae (Chulia)
72, 73
Masjid Sultan 6, 10, **18f**, 81
Maugham, W. Somerset
31, 90
Maxwell Food Centre
60, 73
Mazu, Wächterin der
Südlichen Meere
16, 17, 72
McCallum, Sir Henry 12
Medizin, traditionelle
75, 82
Mega Adventure Park,
Sentosa 33
Mehrwertsteuer 112
Mei Heong Yuen Dessert
74
Merlion 27
Mid-Autumn Festival 66
Mihrab 18
Mikuni 58, 93
Mimbar 18
MO Bar 57
Mobiltelefone 112
Modern Colony Gallery 12
Mondkuchen 66, 74
Morton's The Steakhouse
58, 93
Moscheen
Abdul Gafoor 80, 81
Al-Abrar 71
Hajjah Fatimah 80
Jamae (Chulia) 72, 73
Sultan 6, 10, **18f**, 81
Motorsport 67
Mount Faber 33, 103
Mount Faber Park
(Southern Ridges) 100
Mount Imbiah Nature Trail
47
Mountbatten, Louis 45
MRT 108
Murugan, Gott des Krieges
20, 38
Museen **40f**
ArtScience Museum 26
Asian Civilisations
Museum 14, 41, 43,
89, 91
Baba House, NUS 74
Battlebox 44
Changi Chapel &
Museum 40, 44
Chinatown Heritage
Centre 40, 71, 73
Former Ford Factory
41, 44
Images of Singapore 32
Indian Heritage Centre 82
Lee Kong Chian Natural
History Museum 40, 51
Malay Heritage Centre
40, 80, 81
National Gallery
Singapore 7, 34f, 40,
55, 91
National Museum of
Singapore 6, 7, 10, **12f**,
14, 41, 90, 91
NUS Baba House 74
NUS Museum 54
Peranakan Museum
40, 91
Red Dot Design Museum
41
Reflections at Bukit
Chandu 44
Science Centre Singapore
52
Singapore Art Museum
54
Singapore City Gallery 73
Singapore Discovery
Centre 52
Sportmuseum 50
Musik
Bars & Clubs 56f
kostenlose Events 64f
Musikbühnen 54f
Nanyin 75
Muslimischer Friedhof 83
Mustafa Centre 80, 81, 84

N

Nachhaltigkeit 29
Nachtleben
Bars & Lounges 56f
Clubs & Discos 57
preiswert 65
Nam's Supplies 75
Nanyin-Musik 75
National Gallery Singapore
7, 34f, 40, 55, 91
National Kitchen by
Violet Oon 59, 93
National Library 65
National Museum of
Singapore 6, 7, 10, **12f**,
14, 41, 90, 91
Geschenkeladen 92
National Orchid Garden
7, 24, 47
National University of
Singapore 51, 54
Nationalfeiertag 67, 91
Nationalparks & Gärten
46f, 102
Ann Siang Hill Park
72, 73
Chinese Garden 46, 101
Coney Island Park 51
East Coast Park 47
Far East Organization
Children's Garden 52
Fort Canning Park
47, 90f
Gardens by the Bay
6, 7, 8f, **28f**, 46f, 64
Ginger Garden 25
Healing Garden 24
Jacob Ballas Children's
Garden 25, 96
Japanese Garden 46, 101
Jurong Bird Park 53, 101
Kallang Riverside Park
50
Labrador Park 44

Nationalparks & Gärten *(Fortsetzung)*
MacRitchie Reservoir Park 47
National Orchid Garden 7, 24, 47
Palm Valley 25
Punggol Waterway Park 51
Singapore Botanic Gardens 6, 11, **24f**, 46, 65, 96
Southern Ridges 46, 100, 103
Naturreservate
Bukit Timah Nature Reserve 102f
Sungei Buloh Wetland Reserve 46, 101
Newton Food Centre 60
Ngee Ann City 62, 95, 97
Night Safari 101
Nine Emperor Gods Festival 67
No. 5, Emerald Hill 56
Notfälle 110f
NUS Baba House 74
NUS Museum 54

O

OCBC Skyway 28
Öffentliche Verkehrsmittel 108, 109
Öffnungszeiten 112
Old Parliament House 15, 42, 55, 89
Orang Laut, Volk der 36
Orchard Road 6, 7, 67, **94–99**
Restaurants 99
Shopping 98
Spaziergang 97
Osteria BBR by Alain Ducasse 31
Our Lady of Lourdes 82

P

Padang 45, 89, 90, 91
Palm Valley 25
Paragon 63, 98
Parks *siehe* Nationalparks & Gärten; *siehe auch* Wasserparks
Pasir Ris 104
Pearl Harbor 45
People of the River 15
People's Action, Partei 37
People's Park Complex 71
Peranakan 7, 104
Küche 59, 77, 99, 105
NUS Baba House 74
Porzellan 63
Schmuck 76, 84
Shophouses 51, 56, 74, 95, 97
Peranakan Museum 40, 91
Peranakan Place 97
Percival, General Arthur 44, 45
Pillay, Narayana 71
Plaza Singapura 62
Post 112, 113
Praktische Hinweise **110–113**
Preiswert reisen
Hotels 117–119
Kostenlose Attraktionen 64f
Singapur für wenig Geld 65
Puck, Wolfgang 59
Pulau Ubin 7, 103
Punggol Waterway Park 51

R

Radfahren 53, 109
Raffles, Sir Thomas Stamford 12, 14, 19, 36
Fort Canning Park 47, 90
Statue 89
Stadtplan 70, 78, 89, 90
Raffles 1915 Gin 30
Raffles Boutique 30, 92
Raffles City 63, 91
Raffles Courtyard 31
Raffles Hotel 6, 7, 11, **30f**, 90, 91, 92, 114
Rang Mahal 59, 93
Rauchen, Alkohol & Drogen 111
Red Dot Design Museum 41
Reflections at Bukit Chandu 44
Regenwald 25
Reihenhäuser, Peranakan *siehe* Shophouses
Reise- & Sicherheitshinweise 110, 111
Religiöse Feste **66f**
Republik Singapur 37
Restaurants **58f**, 65, 113
Abstecher 105
Chinatown 77
Civic District 93
Little India & Kampong Glam 83, 85
Orchard Road 99
Revere Bell (Singapore History Gallery) 12
Ridley, Henry »Mad« 25
River Wonders 101
Robertson Quay 15
Rollerbladen 53

S

S.E.A. Aquarium 32, 53
Sakya Muni Buddha Gaya Temple 80, 81
Sarkies, Brüder 30, 38
Satay by the Bay 7, 60
Schach, chinesisches 75
Schiffsreisen 108, 109
Schlussverkauf 65, 67
Schwimmen 53
Science Centre Singapore 52
Segeln 53
Selbstverwaltung 37, 91
Sentosa 6, 7, 11, **32f**, 44
Sentosa 4D AdventureLand 33
Serangoon Road 78, 81
Shanghai Tang 97, 98
Shophouses 40, 71, 73, 74, 81, 106f
Duxton Hill 74
Emerald Hill Road 56, 95, 97
Everton Road 51
Serangoon Road 86
Shoppes, The 62
Shopping 62f, 65
Chinatown 76
Civic District 92
Little India & Kampong Glam 82, 83, 84

Orchard Road 98
siehe auch Märkte
Shoppingmalls **62f**
SHOUT Art Hub & Gallery 97, 98
Sicherheit & Notfälle 110f
Siegel, chinesische 63, 76
Sikhs 30, 64, 67
Siloso Beach 33, 53
Singapore Art Week 67
Singapore Botanic Gardens 6, 11, **24f**, 46, 65, 96
Singapore Cable Car 33
Singapore City Gallery 73
Singapore Discovery Centre 52
Singapore Flyer 7, 11, 27
Singapore Food Festival 67
Singapore History Gallery 12
Singapore International Festival of the Arts 67
Singapore International Film Festival 67
Singapore Pass 65
Singapore Repertory Theatre (KC Arts Centre) 55
Singapore River 6, 7, 10, **14f**, 109
Singapore River Experience 14
Singapore Sling 11, 27, 30, 31
Singapore Stone 12, 15
Singapore Tourist Pass 109
Singapore Tyler Print Institute (STPI) 54
Singapore Zoo 101
Singapur entdecken **6f**
Sipsmith (Raffles 1915 Gin) 30
Skate Park 97
Skyline Luge Sentosa 33
Skypark Sentosa 32
Smoke & Mirrors 56
Snow City 52
Sofitel SPA 33, 48, 114
Southern Ridges 7, 46, 100, 103
Souvenirs **63**
Spa at Mandarin Oriental, The 49
Spa Esprit 48f
Spas 48f, 83
Spaziergänge 6f, 109
Abstecher 103
Chinatown 73
Civic District 91
Little India & Kampong Glam 81
Orchard Road 97
Speakers' Corner 74
Spectra Light & Water Show 64
Spezialitäten 61, **63**
Sport- & Kulturevents **57**
Sportarten 53
Sportmuseum (Singapore Sports Hub) 50
Sprache 112
Sri Lakshmi Durgai 21
Sri Mariamman Temple 67, 71, 73
Sri Periachi 21
Sri Srinivasa Perumal Temple 67, 79
Sri Temasek 43, 94, 97
Sri Thendayuthapani Temple 38
Sri Veeramakaliamman Temple 6, 10, **20f**, 80, 81
St Andrew's Cathedral 38, 43, 91
St. Gregory Spa 49
St John's Island 50f
St Luke's Chapel (Changi) 44
Stamford Canal 96
Stätten des Zweiten Weltkriegs **44f**
STPI Creative Workshop & Gallery 54
Straits Settlements 30
Straßenkünstler 96
Street-Art 82
Strom 112
Studentenkonzerte 64
Substation, The 55
Sultan-Moschee *siehe* Masjid Sultan
Summer Pavilion 59, 93
Sun Yat Sen Nanyang Memorial Hall 102
Sungei Buloh Wetland Reserve 46, 101
SuperPark 53
Supertree Grove 8f, 26, 28, 46, 64
Supreme Court 42f, 91
Surviving Syonan 12
Sustainable Singapore Gallery (Marina Barrage) 27
Swan & Maclaren 18
Swan Lake 24
Symphony Lake 24

T

Tagestour 103
siehe auch Spaziergänge
Tai Chong Kok 74
Tamilen 82
Tan House *siehe* House of Tan Teng Niah 43
Tan Si Chong Su Temple 39
Tan Tock Seng 16
Tan-Clan 39
Tang, C. K. 94, 95
Tanglin Mall 97
Tanglin Shopping Centre 62, 98
Tangs 95, 97, 98
Tanjong Pagar 70
Tanz 54f, 67
Taoismus 67
Thian Hock Keng Temple 10, 16f, 72
Taxis 109
Taylor, Elizabeth 31
Tea Chapter 63, 75
Tee, chinesischer 63
Tekka Centre 60f, 84
Tekka Market 81, 84
Telok Ayer Chinese Methodist Church 39
Telok Blangah Hill Park (Southern Ridges) 100
Tempel
Buddha Tooth Relic Temple 70, 73
Hong San See Temple 39
Kong Meng San Phor Kark See Temple 38f
Lian Shan Shuang Lin Monastery 102

Tempel *(Fortsetzung)*
Sakya Muni Buddha Gaya Temple 80, 81
Sri Mariamman Temple 67, 71, 73
Sri Srinivasa Perumal Temple 67, 79
Sri Thendayuthapani Temple 38
Sri Veeramakaliamman Temple 6, 10, **20f**, 80, 81
Tan Si Chong Su Temple 39
Thian Hock Keng Temple 6, 7, 10, **16f**, 22f, 72, 73
Thaipusam 66, 79
The Arts House 55
The Canyon 29
The Face Place 48
The Shoppes at Marina Bay Sands 62
The Spa at Mandarin Oriental 49
The Substation 55
Theater 54f
Thian Hock Keng Temple 6, 7, 10, **16f**, 22f, 72, 73
Thimithi 67, 79
Thye Shan Medical Hall 75
Tierleben
Bukit Timah Nature Reserve 102f
Hay Dairies 65
Jurong Bird Park 53, 101
S.E.A. Aquarium 32, 53
Singapore Zoo, Night Safari & River Wonders 101
Sungei Buloh Wetland Reserve 46, 101
Tiffin Room 30, 93
Tiger Balm 63, 65
Tiong Bahru 104
Tiong Bahru Food Centre 60
Toa Payoh 104
»Todes-Eisenbahn« Burma–Thailand 45
Tong Heng Confectionery 74
Touren 65, 103, 113
siehe auch Spaziergänge
Traditionelle chinesische Medizin 75
TungLok Heen 58, 105

U

Unabhängigkeit 37
Unbekanntes Singapur **50f**
Universal Studios Singapore® 32, 52
Unterkunft 113
siehe auch Hotels

V

Valdés, Manolo 28
Vanda Miss Joaquim 24, 38, 48, 92
Versicherung 110
Victoria Theatre & Concert Hall 43, 55, 89, 91
Victoria, Queen 12, 43, 89
Vishnu 79
VivoCity 62, 95, 103
Vögel *siehe* Tierwelt
Voices of Singapore 13

W

Währung 112
Wandern 53, 65, 103
Changi Point Coastal Walk 51
MacRitchie Reservoir Park 47
Mount Imbiah Nature Trail 47
siehe auch Spaziergänge
Warren, Stanley 44
Waschungen
Moschee 19
Tempel 20
Wasserparks
Adventure Cove Waterpark 53
Far East Organization Children's Garden 52
Wild Wild Wet 52
Wasserskifahren 53
Wassersport 53
Kallang River Basin 50
Weihnachten 67
Wellness **48f**
West Coast Park (Southern Ridges) 100
Wet Market 75, 84
Wetter 112
Whitegrass 58
Wild Wild Wet 52
Willow Stream Spa 48
Windsurfen 53
WLAN 112
Woodlands 104
World Gourmet Summit 67
Writers Bar 30

Y

Yacob, Halimah 37
Yamashito, General 45
Yip Yew Chong 51
Yoga 82

Z

Zeitzone 112
Zinnherstellung 36
Zoll 110, 111
Zu Fuß gehen 109
Zugreisen 108
Zweiter Weltkrieg 36
Ereignisse 45
Stätten 44f

Bildnachweis & Impressum

Autorinnen

Jennifer Eveland lebt seit 1998 in Bangkok und Singapur. Sie ist Autorin mehrerer Reiseführer und unterstützte eine Reihe von Publikationen mit Beiträgen über Themen wie Reisen, Mode, Finanzen und Politik.

Susy Atkinson, Autorin und freie Journalistin, hat große Teile Asiens bereist und verfasste Beiträge zu mehreren Reiseführern. Derzeit lebt und arbeitet sie in Singapur.

DK London
(aktualisierte Neuauflage)

Lektorat Georgina Dee, Alison McGill, Dipika Dasgupta, Rada Radojicic, Anuroop Sanwalia, Anjasi Nongkynrih Nyshadham, Halima Mohammed, Beverly Smart, Shikha Kulkarni, Hollie Teague

Gestaltung und Bildredaktion Maxine Pedliham, Priyanka Thakur, Sarah Snelling, Stuti Tiwari Bhatia, Vagisha Pushp, Taiyaba Khatoon, Rohit Rojal

Umschlaggestaltung Jordan Lambley

Kartografie Subhashree Bharati, Suresh Kumar

Herstellung Jason Little, Samantha Cross

Weitere Mitarbeit M. Astella Saw

DK dankt folgenden Personen für ihre Beiträge zu den früheren Ausgaben: Susy Atkinson, Vanessa Betts, Jennifer Eveland, Richard Lim, Clare Peel, Helen Peters

Bildnachweis

l = links, r = rechts, o = oben, u = unten, m = Mitte

DK dankt den folgenden Personen, Institutionen und Bildarchiven für die Erlaubnis, ihre Fotos zu reproduzieren:

123RF.com Pisit Khambubpha 83u, saiko3p 71u, Ignasi Such 73ml.

Acid Bar 56m.

Alamy Stock Photo Stephen Belcher 79or, dbimages/Betty Johnson 45ml, Chronicle 36or, Paul Dymond 26mr, Granger – Historical Picture Archive Nyc 36u, imageBROKER/Peter Schickert 22/23, imageBROKER/Valentin Wolf 2ol, 8/9, John Warburton-Lee Photography/Andrew Watson 4mr, JTB Media Creation, Inc. 85mlo, Jason Knott 27ol, Jon Lord 97ml, NiceProspects-Singapore 18mlo, Sean Pavone 4u, pbpvision 21ur, Simon Reddy 74or, REUTERS/Roger Bacon 67mlo, Prasit Rodphan 28/29, Peter Schickert 4o, Fedor Selivanov 80m, Lee Snider 16ur, Antony Souter 17ol, 17ur, 19ur, 76om, Stock Connection Blue/Dallas and John Heaton 4mlu, Simon Reddy 105mro, Steve Vidler 61mlo, Maximilian Weinzierl 32/33.

Asian Civilisations Museum 14mlu, 41m, 43ur.

Bugis+ 92u.

Chinatown Heritage Centre Victor Chick Wh 40ur, 71or.

Dreamstime.com Ahau1969 25mr, Ahxiong 88ol, Axe1150sb 6ur, Arndale 4mlo, Boggy 70ol, Chingyunsong 43mro, Cristinnastoian 11or, Kobby Dagan 20ur, Dolphfyn 61or, Eugenelow 90u, Evolution1088 51or, 94m, F11photo 26/27mo, Gianguyen189 89u, Gnohz 4ml, Renan Greinert 20ml, Haslinda 24ul, Iorboaz 10ul, 80ol, Irishka777 11mr, Irynarasko 30/31, Jimmytst 46or, 62mlo, Jirousek 101ol, Joshelerry 27ur, Jpldesigns 65ml, Kheng1987 25ol, Korkorkorpai 11mlu, Kuba 101ur, Leungchopan 14/15, Louisescott 21mru, Minyun9260 24/25, 96m, Luciano Mortula 7mlu, Mvtmdn 25um, Naruto4836 63ol, Platongkoh 28mru, Potongsaga 59mu, Presse750 31ol, Prestonia 12mlo, Quanstills 38u, Ravijohnsmith 10ml, Ronniechua 20/21, Saikc3p 15ul, Salparadis 47m, Samanthatan 44u, Schlenger86 100mlo, Sepavo 4mru, Siblingstudio 74m, Ravindran Smith 63ur, Sosharp 2or, 34/35, Pu Sulan 26ul, Wai Chung Tang 91ml, Tang90246 44ol, 65ur, Themorningglory 3ol, 68/69, Tktktk 6mlo, Tomas1111 11mo, Tongtranson 7or, 66u, Toomtamgeo 46/47, Dongli Zhang 89ol

FLPA ImageBroker 24mu.

Getty Images AFP/Roslan Rahman 67ur, 96o, Arterra/UIG 72ur, Atlantide Phototravel 62ur, Gonzalo Azumendi 19ol, 81ul, Allen Baxter 10mru, Bloomberg/Nicky Loh 40mlo, John Seaton Callahan 3or, 106/107, Wendy Chan 75mlo, EyeEm/Chee Hoe Fong 66om, EyeEm/Fumiko Mizuno 104mlu, fiftymm99 50u, 66mlo, Manfred Gottschalk 16/17, Dave and Les Jacobs 39or, Jean-Pierre Lescourret 95ol, Media News Group/Orange County Register/Kevin Sullivan 37or, Calvin Chan Wai Meng 72o, Thomas Müller 42o, Popperfoto/

Paul Popper 37ml, 45or, robertharding/Amanda Hall 10mu, Baerbel Schmidt 60ol, simonlong 75ur, sivarock 102m, Chan Srithaweeporn 64o, ullstein bild/Dagmar Scherf 84ul.

Goodwood Park Hotel 96u.

Harry's International-Boat Quay 57ml.

Invade Industry PTE LTD: 51ml.

iStockphoto.com Roman Babakin 54/55, poludziber 86/87.

Mandarin Oriental 49o.

Marina Bay Sands Pte Ltd Rory Daniel 56o, Eyeamseeingthings/Koh Sze Kiat 28ul.

National Gallery Singapore 55mr.

National Heritage Board, Singapore Collection of Indian Heritage Centre 82mu.

National Museum of Singapore, National Heritage Board 10mo, 12ul, 12mru, 13ol, 13mru, 41o.

NParks 103ml.

NUS Museum 54ol.

Potato Head Folk Theatre 77mr.

Raffles Hotel/FRHI Hotels & Resorts 30mo, 30ul, 31ol, 31ul, 31mru.

Resorts World Sentosa 11ur, 32ul, 33mru, 33ul, 53ul.

The Ritz-Carlton, Millenia Singapore 59o.

Robert Harding Picture Library Fraser Hall 1, Christian Kober 16mlo.

Shanghai Tang martinstudio 98t.

Shangri-La Hotel, Singapore 99mlu.

Shutterstock DerekTeo 90ol, EQRoy 52mu, Hafiz Bin Ismail 53or, Dr David Sing 60u, Danny Ye 15mru.

Sofitel Singapore Sentosa Resort & Spa 48om.

Spa Esprit Dempsey 48ur.

Sultan Mosque 18mru.

Sun Yat Sen Nanyang Memorial Hall National Heritage Board Singapore 102o.

Tintin Singapore PTE LTD 76ml

Wild Wild Wet - NTUC Club 52ol.

Wolfgang Puck Fine Dining Group 93mru.

Umschlag

Vorderseite & Buchrücken: **Dreamstime.com** Eptomist Digital.

Rückseite: **Alamy Stock Photo** Horizon Images/Motion ur, icpix_singapore ml, Roland Nagy ol, Prasit Rodphan or.

Extrakarte

Dreamstime.com Eptomist Digital.

Alle anderen Bilder © Dorling Kindersley

Titel der englischen Originalausgabe
DK Eyewitness TOP10 Singapore

Aktualisierte Neuauflage 2023/2024

Verlagsleitung Monika Schlitzer
Programmleitung Heike Faßbender
Redaktionsleitung Stefanie Franz
Projektbetreuung Theresa Fleichaus
Herstellungskoordination Antonia Wiesmeier

Covergestaltung Roman Bold & Black, Köln
Übersetzung Annika Schröter, München
Redaktion Birgit Lück, Augsburg
Schlussredaktion Philip Anton, Köln

Satz & Produktion DK Verlag
Druck Vivar Printing, Malaysia

ISBN 978-3-7342-0752-5
6 7 8 9 10 26 25 24 23

www.dk-verlag.de